한국대표서정시선 9

2019

한국대표서정시선 9 2019

초판 1쇄 인쇄일 | 2018년 12월 21일
초판 1쇄 발행일 | 2018년 12월 28일

저　　자 | 안도현 외 41인 공저
펴 낸 이 | 차영미

편　　집 | 디자인그룹 여우비
펴 낸 곳 | 도서출판 서정문학

주　　소 | 서울시 성안로31다길 8, 101호
전　　화 | 02-720-3266　FAX | 02-6442-7202
홈페이지 | http://cafe.daum.net/seojungmunhak.com
이 메 일 | sjmh11@hanmail.net
등　　록 | 2008. 3. 10 제324-2014-000060호

ISBN 978-89-94807-74-4 04810
978-89-94807-06-5(셋트)
정가 10,000원

국립중앙도서관 출판예정도서목록(CIP)

한국대표서정시선. 9 / 민용태, 안도현, 오상태, 이훈식, 강한나, 구자도, 김관식, 김동석, 김석련, 김은희, 김재항, 김정배, 김현희, 류복희, 박상배, 박성순, 박진태, 박채선, 박태건, 방극률, 방민선, 배동칠, 신홍승, 안영호, 양향숙, 여학구, 오경자, 윤송석, 이춘식, 이향숙, 장규환, 장진원, 전기웅, 정연희, 정한구, 제성행, 차영미, 최주식, 최홍연, 하석근, 한희정, 현영길 공저. -- 서울 : 서정문학, 2018
p. ; cm

ISBN 978-89-94807-74-4 04810 : ₩10000
ISBN 978-89-94807-06-5 (세트) 04810

한국 현대시[韓國現代詩]

811.7-KDC6
895.715-DDC23

CIP2018041804

한국대표서정시선 9

2019

안도현 외 41인 공저

서정문학

| CONTENTS |

한국대표초대시선

민용태

안도현

오상태

이훈식

민 용 태

· 1975년 서반아 마드리드 대 스페인 국가 문학박사
· 1975년-1979 서반아 "메넨데스 라요 국제 대학" 강사
· 1979년-1987년 외대 교수, 1987년-2008년 고려대 교수
· 현)고려대 명예 교수, 스페인 왕립 한림원 종신 위원
아시아 서어서문학회 부회장
· 1968년 『창작과 비평』 겨울호로 등단
· 저서: 『시간의 손』(1982), 『시비시』(1984)
시선집 『풀어쓰기』(1987), 시집 『푸닥거리』(1989)
에피그램 『사랑 사냥 연습』(1989), 시집 『ㅅ 과 ㅈ 사이』(1994)
시집 『나무 나비 나라』(2002), 『봄비는 나폴리에서 온다』(2008)
시선 『바람의 강 노래』(2013), 『바람개비에는 의자가 없다』(2014) 등 다수

콩은 공보다 빠르다

공 치기하는 내 동생

명상

콩은 공보다 빠르다

콩은 공보다 빠르다
부처님도 못 이긴다
콩은 튀니까, 튀기니까

눈 깜짝 눈 떴다
콩알이 콩나물
잿더미에 물 뿌려 나온
콩 반 재 반 물 반
물의 키!

문득 주먹이 멍석을 뚫는다
노란 함성
둥그런 시루 가득

공 치기하는 내 동생

또 공쳤어!
이것이 동틀녘 동생 첫 번 전화다
다시 10시에 전화하면,
똥 싸!

새 아침 핸드폰 점호에
동생의 답은 항상 0
응, 공쳤어
공 쳤는데, 꽝이야

제일 향기로운 대화는
온 세상 멀리 떠나 혼자 밤에
낚시를 간 대목인데,
또 공 쳤어!

가까이 멀리 들리는
동요보다 조용한 종소리
보름 보름 달밤에
알밤 줍는 다람쥐

명상

비 온다 비운다
마음을 지운다
발자국을 지운다
발자국은 걷지 않는다
비에 젖은 발을 본다
비 온다 비운다
눈을 지운다
빗방울이 투명한 것은
만질 수 없기 때문
확실한 어제처럼
비 오는 날은 앞이 자욱하다
비가 오는 것은 앎과 꿈이
안개인 것을 보여주기 위해서이다
비가 오는 것은
안에 있는 안개를 지우기 위해서이다
비 온다 비운다
비닐 우산을 받는다
하늘 전화의 투명성을 높이기 위해
투명한것, 확실한 것은
눈을 감아야 보인다

안 도 현

· 1981년 대구매일신문 신춘문예에 시 당선
· 1984년 동아일보 신춘문예 시 당선
· 우석대학교 문예창작학과 교수
· 주요작품
『서울로 가는 전봉준』(1985), 『모닥불』(1989), 『그대에게 가고 싶다(1991),
『외롭고 높고 쓸쓸한』(1994), 『그리운 여우』(1997), 『바닷가 우체국』(1999)
『아무것도 아닌 것에 대하여』(2001) 등의 시집과 『연어』(1996), 『관계』(1998)
『짜장면』(2000), 『증기기관차 미카』(2001)
『가슴으로도 쓰고 손끝으로도 써라』(2009), 『잡문』(2015) 등

군인이 집으로 돌아간다면

환한 사무실

무빙霧氷

군인이 집으로 돌아간다면

군인이 집으로 돌아간다면
철모는 항아리가 되어 빗물을 받고
벗어던진 군복은 단풍처럼 가볍게 썩어가겠지
탱크는 호미가 되고
행군은 산책이 되고
깃발은 억새꽃이 되고
사리원 지나 평양 지나 영변 방면으로
평택 지나 대전 지나 밀양 방면으로
풀씨들이 탄창을 풀고 튄다면
군인이 집으로 돌아간다면
기다리던 애인은
수백 번 혼례식을 치르고
수백 채 집을 지었다가 다시 짓고
수백 명 아이를 낳아 숲속에 풀어놓을 거야
군인이 대문의 이마를 밀고 들어선다는
상상만 해도
어깨 펼치고 서 있던 큰 것들은 무너지겠지만
엎드리고 있던 작은 것들은 무너지지 않지
국가는 소멸해도 가족은 밥은 먹고
장강의 서사시가 찢어져도

저녁 벤치에서 연애시는 읽힐 거야
군인이 집으로 돌아간다면
길가에 술집 대신 꽃집들이 바글바글할 걸
꽃들의 핏줄 속으로 강이 흐를 거니까
국경의 관절이 움직일 거니까

환한 사무실

전주 관통로 대흥정판사 5층 옥상에 있던
1.5평짜리 창고를 얻어 사무실로 쓸 요량이었다
비가 오면 콘크리트 바닥으로 물이 기어들어 신발
밑창이 잠방거리고 출입문을 닫으면 한밤중처럼
캄캄해지는 곳, 1990년대 초반, 나는 해직교사였고
매일 전교조 사무실에 나가는 일도 따분한
동어반복 같아서 전북민족문학인협의회 사무실
간판 하나 달아 놓고 혼자 빈둥거려 볼 참이었다
브리태니커세계대백과사전을 팔러오는 이도
있었고 술 사주러 오는 회원도 있었고
술값 뜯으러 오는 놈도 있었다 새날서점이라는
사회과학서점의 주인이었던 박배엽 형은
바둑을 두거나 목수로서의 실력을 입으로
과시하기 위해 자주 사무실에 출몰하였는데 하루는
사무실 벽에 창을 하나 내자는 제안을 내놓았다
서쪽으로 향한 벽에 창문을 달면 늦은 오후의 햇살이
사무실로 들어올 테고 나는 두 손으로 그 볕을
받아야지, 나는 그의 지시에 따라 시멘트와
모래를 구해 옥상까지 어깨에 지고 날랐다 이틀이
걸렸고, 한여름이었다, 해머로 벽을 두드려 깨는

일은 박배엽 형이 맡았다 사흘이 걸렸다 유리가
끼워진 창문을 사오는 데 또 사흘이 걸렸다
마지막으로 창틀을 다는 날이었다 나무 창틀을
끼우고 빈 테두리에 시멘트 반죽을 채워 넣는 그의
손놀림을 보며 나는 예수의 아버지를 떠올렸다
개 같은 세상에도 어떤 신성이 창문을 달고 있는 것
같았다 창틀에 창문을 끼우면서 그가 탄식하는
소리가 들렸다 이거 어쩐다냐 자물쇠가 안으로 와야
하는데 밖에서 잠글 수밖에 없네 창틀을 거꾸로 달아
안과 밖이 바뀌어버린 것이었다 나는 그때부터
비좁고 눅눅하고 누추한 세상에서 빠져나와 환한
사무실 문을 따고 출근하는 사람이 되었던 것이었다

무빙霧氷

허공의 물기가 한밤중 순식간에 나뭇가지에 맺혀 꽃을 피우는 현상이다

중심과 변두리가 떼어져 있다가 하나로 밀착되는 기이한 연애의 방식이다

엉겨 붙었다는 말은 저속해서 당신의 온도에 맞추려는 지극한 정신의 끝이라고 해두자

멋조롱박딱정벌레가 무릎이 시리다는 기별을 보내올 것 같다

상강霜降 전이라도 옥양목玉洋木 홑이불을 시쳐 보낼 것이니 그리 알아라

오 상 태

· 문학박사
· 계간 : 「詩와 意識」 제1회 신인작품상(1977)
· 한국문인협회 회원
· 대구대학교 인문대학 학장 역임
· 현) 아남카리문인회 자문 교수

바람 서사序詞

장미꽃망울 들판으로 몰아 오는
바람이 분다
시작의 지축 흔드는
바람이 분다
깊은 어둠 속 시린 잇빨 부딪히며
바람이 분다
時空(시공)의 우리는 그 시공의 절망에 서서
全身(전신) 불태우는
한바탕 난장판임을
거대한 태양은 오늘도
목청 가다듬어
솟아오른다
손수건 흥건히 남해
扶桑(부상)에서
불끈 솟는다
새봄 이 언덕 찾는 强雪(강설)이여
싱그러운 대지의 빛나는 예지를 밟아 보았는가
새봄 이 언덕 떠나는
殘雪이여
황혼녘 대지의 초라한
노을을 찬양해 보았는가

결코 외롭지 않은 모습
땀에 절은 아랫도리
목탄불에 쪼이며
오늘 가난하고 외로운
사람들 위해
한 잔 곡주를 따루리라
아름답고 애달픈
사람들 향해
한 곡 노래를 부르리라
개나리 꽃망울 봄으로
몰고 오는
바람이 분다
決意(결의)의 악수 보듬는
바람이 분다

타령조 바람

(3가지 하도)

몇 삽 포크레인 굴삭 작업
아래위 네 구멍 뚫어
유방 근처에 빗장
걸어 잠근 여인들
허벅지 부근 남근 묶어 놓은 남정들
두더지 시늉 거꾸로
서서
70년대式(식) 간음굴
무시로 드나든다
때로 기막힌 상상력으로
지하도 윗층에서는
先約(선약)한 장밋빛
남해 항해 펑크를 낸다
무엇보다 입구를 보라
그게 그것 아닌가
말하자면 여인숙으로
통하는
빨아들이고 토해내는
저 솜씨 능란한 발목들이여
동쪽으로 기어들어

남쪽으로 나오라
남쪽에서 파고들어
동쪽으로 나오라
모든 길은 모든 길로
맞닿으리니
일년 열 서너 달만
들락거려 보거라

타령조 바람

(세 번째 여인)

서걱서걱 흙담 위
호박넝쿨 잡아 타고
촌각씨 밑치마 뒤적이다가
즉석에서 벽장 속
정조 다그치다가
덜그럭덜그럭 열세 평
차관아파트 문지방 너머
순두부인지 허벅지인지 좇아 가서
그 침실 안팎에서
서양粉(분) 냄새
빌리려다가
아직은 인정사정 없다
불어재껴라 복 나오면
복 받고 팁 나오면
팁 받고
우리 모두는 조국의 山河(산하) 이 지점이
마냥 좋으이

이 훈 식

· 계간 창조문학 등단(1994년)
· 서정문학 발행인
· 용인문학회 고문
· 강남문학상, 창조문학대상
· 자연과 꿈상
· 시집 : 『등불 하나 가슴에 달고』 『은밀한 속삭임』
『그리움의 심지』 『눈금없는 잣대』 『햇살 등 뒤로 숨은 웃음』
· bawoo9517@hanmail.net

침묵

듣고 보기는 하되
하고픈 말 있어도 그냥 씹어 삼키자
아직도 가면을
제대로 벗어버리지 못한
소리의 잔해들로
홀로 허망해도
그저 향방 없는 바람에 맡기자
늑골 사이 곰삭은 그리움이
맨몸으로 빠져 나가는 날
슬픔의 빛깔도
때로는 충분히 아름다울 수 있음을
그때서야 얘기하자
세월로 재갈 물린 바위는
물빛 하늘이 울음으로 거기 머물다 감을
절대로 말하지 않는다.

마르지 않는 샘

어둠을 넘어 핼쑥한 새벽이 올 때까지
뼛속을 파고드는 한기를
저린 기도로 잡을 수 없을 때는
여명의 햇살이 주춤거리듯
미열로 들뜬 아침이 온다.
고독 안에서 오히려 더 자유롭던 사유로
조금씩 보폭을 넓혀가다 보면
이쪽 저쪽 경계가 분명치 않는 길에서
한쪽이 마비된 걸음을 만난다.
차가운 이성으로 채우기보다는
감성으로 남겨둬야 할 여백
이젠 그리움을 가장한 출처가 없는 이야기는
우리 모두를 위해 주저 없이 지워버려야 한다.
움키면 움킬수록 빠져 나가는 세월
늘 적당한 거리에서 숨 고르기를 하는 내 사랑아
어디에서 이 뜨거움을 잠재울 수 있을까.
창작의 기쁨도 믿음의 열정도
당신과 함께 어우러지는 뿌리가 아니라면
내게는 산목숨이 아닙니다.
내 영혼 깊은 곳에 마르지 않는 샘 하나
알몸으로 풍덩 빠져도 좋을
바로 내 사랑입니다.

누구도 어쩌지 못할

밝음과 어둠의 경계는
그 누구도 어쩌지 못 할
슬픔인지도 모른다.
조금씩 서로의 아픔을
닮아가는 사람들이
한 번쯤 걸음을 멈춰보는 자리
익숙하지 않은 모습으로
다가서는 외로움에
한 발 물러서 있는 당신의
염려가 또렷이 보입니다.
삭제되지 못한
그간의 얘기들이
제 이름을 찾기까지
망설임으로 서성이는 곳
가슴과 가슴이 이어지면
어둠마저 훤한 세상이
거기 있습니다.
언제든지 당신이 낮은 목소리로
날 부르면
무덤까지 가지고 가야 할 비밀로

대답해야 할 사랑
바로 어둠과 밝음의 경계
그 누구도 어쩌지 못 할
소리 없는 눈물인지도 모른다.

한국대표서정시선

강한나 | 구자도 | 김관식
김동석 | 김석련 | 김은희
김재항 | 김정배 | 김현희
류복희 | 박상배 | 박성순
박진태 | 박채선 | 박태건
방극률 | 방민선 | 배동칠
신홍승 | 안영호 | 양향숙
여학구 | 오경자 | 윤송석
이춘식 | 이향숙 | 장규환
장진원 | 전기웅 | 정연희
정한구 | 제성행 | 차영미
최주식 | 최홍연 | 하석근
한희정 | 현영길

강 한 나

· 부산 어울마당 국악원 대표
· 진도북춤 대전국악경연대회 대상
· 한국국악기능대회 최우수상
· 전국 판소리 경연대회 대상(2017)
· 아남카라 문인회 감사
· 2018년『서정문학』시부문 신인상 수상
· 한국서정작가협회 회원

바람

바닷가

청춘

바람

일상을 거두어들이는 분주한
걸음 앞에
서성이는 노을은
기억의 그림자를 매달고
몽상을 한다

무례함을 달래는 실개울이 흐느낀다

종착지도
이정표도 없이
앞다투어 구르는 바퀴들
걸음은 가위눌린 의식인가

홀로
계절을 접고
동정의 눈길을 낸다

바닷가

광안리 찬란한 불빛 아래
출산하는 배
짐 진 세월 미련 없이 버리고
떠나고 있다

숱한 파문을
모래알로 묻은
하늘 한 편 무상으로 열리고 있다

파도를 줍는 연인들
어깨 위로
별 무리 내려앉는다

미소로 여무는
해변에
다양한 무늬로 중첩되는 물음들
평생 걸어갔으면

청춘

매여진 줄 알았는데
흘러간 세월
구름처럼 붙잡을 수 없어
보낼 수밖에

탄생은 한 점 울음이요
죽음은 한 점 바람이라는 것을
내 일찍 알았더라면
너를 아프게 하지는 않았을 것을

결 좋은 빛깔로 남겨진
작은 꿈마저
채색할 틈이 없었다

부메랑처럼 되돌리고 싶은 청춘
녹슨 메아리만
세월의 지문을 새긴다

구 자 도

· 한국문협 경산지부 부회장

· 아남카라 문인회 회장

· 영동고등학교장 역임

· ku5851@hanmail.net

복숭아밭의 전설

길

대박

복숭아밭의 전설

불볕 두렵지 않아
아무도 엿볼 수 없는
그러니까 아무도 궁금해 말아야 해
별 총총 달빛 은은한 밤
제일 높고 여린 가지
가녀린 흔들림에
스스로 타오르는 피가
전율로 떨었던 거야
거룩한 영혼보다
달달한 육신이 되겠다고
소리쳤던 거야
그래서 복숭아밭의 꽃물결
더욱 붉고 둥그런
가슴으로 익어갔던 거야

길

길이 길 위에 누웠네
서로를 베고 누운 길은 사방으로
흩어지고 그 길은 다시
다른 길을 열어 가고 있네
길들이 서로에게 그 행방
물어보지만 숲으로
난 길은 숲만을 보여주고
강으로 난 길은 강만을 보여주고
길 저 끝에 무엇이 있는지는
아무도 말하지 않네
그래도 힐끗힐끗 길이 길을
돌아보며 머뭇머뭇
제 길을 열어가고 있네

대박

결대로 살기 쉽지 않은 세상
상큼하고 청량하길 꿈꾸지만
원초적 문제해결의 순간에도 찬바람
쌩쌩 불 때가 많았지요

품격을 유지하라
흘리지 말아야 할 것은 눈물만이 아니다
중앙을 공략하라
또 가끔은 녹슨 가위 그림 앞에서
움칠한 적도 있었지요
그런데 오늘 차암
후련하다오

아무 염려 마시고
시원하게, 그리고 마음껏 쏘십시요
청소는 제가 하겠습니다
주인백

그래, 이 정도는 되셔야지
그 아래 이렇게 적어 두고 싶었지요

주인님 대박!
대박나십시요
시원하게 그리고 깔끔하게 쏘고
가겠습니다
손님백.

김 관 식

· 1976년 전남일보 신춘문예 문학평론 입상, 『자유문학』 신인상 시 당선(1998년)
· 동시집 『토끼 발자국』(1984) 외14권. 시집 『가루의 힘』(2014) 외6권
· 문학평론집 『한국현대시의 성찰과 전망』 외5권,
· 한국시 문학대상, 노산문학상, 백교문학상 대상 수상
· 한국문인협회, 국제펜한국본부 이사
· kks41900@naver.com

굴뚝새

직박구리

물총새

굴뚝새

가을 산골
오두막집
굴뚝새가 찾아왔다

밤새 춥지 않았나요?
굴뚝은 막히지 않았나요?

집안 구석구석
이리 갔다
저리 갔다

부엌 아궁이도
기웃거리다
쯧쯧

뒤곁 굴뚝도
들여다보다
쯧쯧쯧

직박구리

숲속 동네
시끄러운
수다쟁이

산벚꽃
입맞춤
향기 자랑
꿀맛 자랑

산열매
산과일 찾아
나무 위를
이리 갔다 저리 갔다

콕콕
토박이 맛
사투리 수다

물총새

호수
언덕바지
땅굴 둥지

물가
나뭇가지 위에 앉아
물속
물고기 움직임을 살피다가

푸드덕
날개 짓으로
잔잔한 호수
흠집 내는 물총질

뾰족한 부리 끝에
작은 물고기 물고서
하루 종일
땅굴 둥지
들락날락

물비늘
반짝반짝
비린내
곰실곰실

김 동 석

· 2015년 서정문학 시부문 『신인상』 수상

· 『남제문인회』 회장 역임

· 부산문인협회 회원, 서정문학 운영위원

· 공저: 『한국대표서정시선6, 7, 8』 외 다수

· 현) (주)서영 부사장

· sy4141@chol.com

암자 가는 길

창포빛 하늘이 내려앉은
노승의 등줄기처럼 굽은 산길

단아한 봇짐 하나 메고
노을빛으로 타는 단풍이
병풍을 두른 산 중턱에 걸린
암자 가는 길

산새들 맑은 하모니
잔잔히 흐르는 길 모퉁이에
잠자던 애기단풍
소슬바람에 불나비되어
지친 어깨에 쌓인 번뇌
정갈히 씻어준다

야윈 가지에
아스라이 걸린 단풍은
지난 여름 푸르던 날
산새들 도란대던 나무에
황혼이 밀려오면
마지막 이별 춤사위

허공을 자맥질하다
빙그레 지켜보던
지장보살 가사에
선홍빛 단풍 물들이고 간다

이별2

붉은빛들이 떨어지는
스산한 황혼녘
지난 시절 붉은 입맞춤이
조각난 박제되어
허공에 걸려 있다

선홍빛으로 물든 하늘은
푸른 영혼을 빼앗기고
구멍난 가슴에 휑한
바람이 비수를 꽂는다

세월의 덫에 걸린 미련은
마지막 잡고 있던
연분홍 손목이 잘려 나간 채
퍼렇게 멍이들다
까맣게 타들어가고

독기 품은 밤이, 끝내
온 세상을 까맣게 덮고
하늘에 탄 내음만 가득하다

이팝나무 꽃 지다

창문 너머 시간이
졸린 눈 깜박이는 저녁

바람이
이팝나무 갸녀린 허리
흔들어댄다

이팝나무 흰 꽃이 진다

길게 누운 산 그림자가
만든 만장대에
올곧은 편백나무 붓으로
달빛을 적시어
한 구절 조문을 쓴다

진 꽃잎은
바람역에서
극락행 열차에 오르는데

김 석 련

· 서정문학 시부문 등단

· 서정문학작가협회 회원

· 한국 태권도 대표선수단 팀 닥터 역임

· 서울대성중학교 교사, 연세대 강사, 명지대, 경원대, 용인대 겸임교수 역임

· (현) 미국 버지니아 주립 죠지메이슨 대학교 연구교수

· 열린 태권도 연구소 소장

· 국기원 객원연구원

· ytkd@korea.com

이슬

숨

홀로 가리라

이슬

석양 노을 내려 앉으니
땅거미는 제집 찾아가고

어둠이 시작되니
만물은 슬그머니 자취를 감춘다

깊은 밤 몰래 눈 뜬 이슬은
시들은 풀잎으로 살며시 다가가
달빛 사랑을 속삭인다

뜬눈으로 밤을 지새운 이슬은
동트기 무섭게 눈물 글썽이며
안개꽃 되어 하늘로 가네

숨

명상 호흡을 통해

무겁고 힘겨운
한 숨을

깃털보다 가벼운
한 숨으로

새로운 생명의
한 숨으로

자유의
한 숨으로

행복의
한 숨으로

그리고

깨달음의
한 숨으로…

홀로 가리라

빗물로 샤워하고
바람으로 머리 빗으며
구름 모자를 쓰고
산천을 병풍 삼아
실개천에 빠진 달을 보며
홀로 걷고 싶어라

김 은 희

· 전북 김제 출생
· 초등보육교사, 사회복지사, 청소년지도사
· 한국학교폭력상담협회고양시덕양구지부장
· 한국에니어그램강사, 심리상담사, 학교폭력예방지도사
· 문화복지사, 방과후아동지도사, 미술치료상담사
· 진로상담사, 다문화가정상담사
· 한국서정작가협회 회원
· esj0516@korea.kr

가방

매실

봄 한 근에 얼마예요?

가방

내 몸에
소의 울음 같은 것이 스며있다
나는 가끔
소의 울음을 끌고 들판에 나간다

혓바닥 길게 뻗어
두엄 지피는 냄새부터 핥아먹는다
내 등에 올라탄 바람이 잔등을 탁탁 치니
가죽 같은 딱지가 땅에 떨어져
빳빳하게 자존심을 세운다

나를 갉아먹는 쇠파리가
내 몸에 흠집을 낸다
공장 재봉틀이 드르륵 지나가면
셋방살이할 속주머니가 하나 생기겠지

튤립 닮은 노을이
마지막 빛깔을 내 몸에 쏟아부으니
엉덩이에 둥글둥글 꽃이 핀다

곱슬머리 꼬리는 장식품으로
들판의 억샌 풀은 두 개의 끈으로
오래 되새김질한 시간은 지퍼로

나름대로 뿌리 있는 족보가 부풀어오른다
그 안에서 키워 온 꿈이 찬란하게 터지는 순간
나는 세상 밖으로 튕겨져 나왔다
그날 밤 우주에는 내 꿈이 수없이 떠다녔다

나는 일산 롯데 백화점에 들어섰다
내 몸에서 가끔 소의 울음소리가 나지만
사람들은 귀에는 안 들릴 거야

손님들이 몰려온다
거울 속에는 한 마리의 소가
마네킹처럼 서 있다

매실

그녀는 한 나무에 세 들어 산다

쉼표 있는 오후
봄 햇살이 놀러 왔다
둘은 창가에 걸터앉아
꽃잎 같은 수다를 떤다

바람이 지나가니
그녀의 흰 치마가 한바탕 찰랑거린다
게으름 피우던 벌들이
날개를 접었다 폈다 반복하다가
옆집 벚순이네 집으로 피난 간다

뾰쪽 구두를 신고
외출 나온 그녀
아직은 떫은 노래를 흥얼거리며
피아노 건반 두드리듯
이 나무에서 저 나무로 뛰어다닌다

음표가 요정처럼 꽃잎에
동그라미를 그리고 마법 책을 읽는다

나뭇가지마다 초록 꿈들이
오롱조롱 매달려 춤을 추기 시작한다

바람난 바람이 그녀에게 입맞춤한다
누가 볼까 봐 나뭇잎 끌어다 눈을 가리는데
입술은 바람 쪽으로 더 내밀고 있다

그림자 틈새로 훔쳐보는 햇살
괜찮은 척 딴청을 피우지만
가슴에서는 북소리가 요란하다

하루가 벌겋게 익어가는 오후 끝자락
그녀의 초록 꿈들이
동글동글 단단하게 영글어가고 있다

봄 한 근에 얼마예요?

아지랑이가 사뿐사뿐
걸어 다니는 오후
원당 재래시장에 왔어요

입구에 들어서자
물건을 사고파는 소리가
귓속으로 미끄러져요

햇살 옆에 쪼그리고 앉은 어르신
마디 굵은 손에 파리가 날아다녀요
뿌리째 뽑혀 온 냉이를
몽땅 사야 할까 봐요

진열된 채소들이 손님들을 유혹해요
천 조각 덧댄 사장님 앞치마
찐빵처럼 부풀어 올라요

봄 한 근에 얼마예요?
앞치마가 폭소를 터뜨려요

지갑 열어 동전과
종이돈을 세어보고
가격을 흥정해요

세일기간이 아니라며
넙죽 손을 내밀어
종이돈 먼저 받아가네요

지갑은 홀쭉해졌는데
뚱뚱해진 바구니는
뒤뚱뒤뚱 걸어가요

봄의 가격은 흥정이 안 되었지만
식탁에는 보약보다 더 건강한 봄이
쑤욱 올라올 거예요

김 재 항

· 국민대학교 무역학과 졸업
· 성균관대학교 무역대학원 국제경제학과 수료
· 한국서정작가협회 회원
· kim-jaehang@hanmail.net

밥 한 술, 소금 한 톨

김장

오로지 하나

밥 한 술, 소금 한 톨

아가, 밥 먹어라
네가 좋아하는 계란 후라이도 놓았다
어여 밥 한 술 뜨고 가거라
네 배가 불러야 내 배도 부르지 않겠느냐

아가, 소금은 넣지 않았다
그동안 단 한톨의 소금도
내 입에 넣지 않았다
머얼건 국에도
허기진 배를 고기로 채우려할 때에도

금새 녹아버릴 것임을 알고 있지만
작은 소금 한 톨일지라도 허락하지 않았다.
그러니 엄마 손맛이 바뀌었다고 생각 말아라

소금은 짠 게 아니라
쓰디쓴 맛이었더구나
그래서 세상의 모든 달콤함을
모두 바다에 쏟아 넣어보려 했단다

그까짓 것 못할 게 무어 있겠느냐
내가 네 어미인데
허나 달콤함도 네겐
쓴맛이기에 그만두었단다

아가, 밥 먹어라. 맛있게 먹어주어라
다음에
이다음엔 꼭 같이 먹자

오늘도 네 방엔 불을 켜 놓았다

김장

겨우내 움츠린 싹을 틔워내 알알이 여물은 마늘
그 옛날 곰의 끈기처럼 긴 겨울을 잘 버텨주었다.
봄이 준비되었다.

짜디짠 유월바다의 싱싱함이 묻어있는 새우.
바다의 신사답게 멋진 지팡이와 연홍색 옷이 아주 잘 어울린다.
끝나버린 고래들의 싸움을 구경하고 집으로 가는 중이었나 보다.
그뿐이던가
뜨거운 태양에 붉게 염색한 고추는 어찌된 일인지 태양보다 더 붉다.
여름도 준비되었다.

땀이 쬐던 가을볕은 점점 식어가고,
서리 맞은 초록의 잎은 노란 심장을 품고 있다.
어느새 가을이 준비되었다.

첫눈이 내렸다.
지난 여름의 약속을 기억하기에 눈 오는 것이 그저 반가울 뿐이다.
마침내 겨울도 준비되었다.

모두 준비되었다.
땅도 바다도 하늘도…

이제 봄, 여름, 가을 그리고 겨울을 모두 담근다.
담겨진 계절을 모두 섞어 한해를 만들었다.

이제 허리 쭉 펴고 찬바람에 기다란 입김을 내뿜어본다.

오로지 하나

한 줌이면 되겠다.
손아귀에 힘을 주어본들 무슨 소용이 있을까.
넓은 바닷가의 모래도 내 손에 쥘 수 있는 것은 그저 딱 한 줌.

한 모금이면 되겠다.
바가지 물을 통째로 다 마셔본들 무슨 소용이 있을까.
넓은 강의 물도 목마름을 잊게 해줄 수 있는 것은 그저 딱 한 모금.

한 사랑이면 되겠다.
사랑이라고 뭐가 다르랴.
오늘은 그저 한줌이면 충분할 사랑 한모금만 마시면 참 좋겠다.

김 정 배

· 한국 문인협회 회원
· 아남카라 문인회 회원
· 경북 문협 회원
· 칠곡 문협 회원
· kjbhl@hanmail.net

상고대

이렇게 좋은 날

삼백육십오일

상고대

만산홍엽 물던 산천은 오한의 몸살로
잉태의 고통을 견디며 소슬바람이 몰고 온
상고대로 새벽을 맞는다

골바람에 넋두리 풀어헤친 나목들은
종일토록 햇살의 목을 휘어잡고
만추의 사계를 즐기고 있다

화려한 네온 불빛을 흩어놓은 숲들이
유혹하는 시월의 마지막 날 피고 지는
꽃들의 생을 반추하며 쓴잔을 마시고 있다.

이렇게 좋은 날

시월엔 오늘 같은 좋은 날도 있더이다
살사리꽃 춤사위 흥겨워 만산홍엽 물든
고운 추억 담아 쪽빛 하늘에 띄워 보내고 싶다

희끗희끗 변한 우리의 모습 속에 삶의 忍苦가 주마등처럼 스치는구나

앞서간 친구들이 남긴 작은 추억들
가슴 먹먹해 오지만 건강할 때
우리 마음껏 웃고 자주 만나세

교정에 우뚝 선 은행나무 우리의 기상을
일깨워 주었고 회초리든 선생님 사랑의 훈육에
종아리는 선홍빛으로 물든 그런 날 있었거니

토실토실 알곡처럼 영글게 만드신 은사님
제자들 이렇게 많은 시간이 흘렀지만 베푸신 사랑 영원토록 잊지 않으리오
친구야 오늘 이 좋은 날 비룡산 자락에서 꽃자리 펴고 秋色에 잠겨나 보세

삼백육십오일

수평선 위 떠오르는 저 태양은
내일을 기약하며 기지개 켜고
중천에 희망을 매달고 달려온
지난 삼백육십오일

다시 만날 수 없는 소중한 시간
인고 속에 시달린 주름진 달력
마지막 장을 덮는 아쉬움에
인생무상을 되짚어본다

새해 벽두 내 가슴에
희망의 메시지를 담을 수 있도록
여백을 남겨준 그 자리에
묵필로 마침표를 찍어야 한다

자 한해도 그냥 보내 드리리
미련 없이 후회 없이 새날 오면
떠오르는 태양과 벗하면서
사랑의 끈 단단히 묶고 살고 싶다.

김현희

· 서정문학 6기 시부문 등단

· 한국서정문학작가회의 회원

· 강릉원주대 산업정보경영공학과 졸업

· muwi55@naver.com

b급 예술가

문제를 내지만 답을 모르고
사랑을 하지만 책임을 지지 못하고
영혼을 팔지만 내용을 조각하지 못한다

재래시장에서 먼지를 먹는 골동품이 되어간다

주름 자화상에 거친 물감을 덧칠하며
무엇이 되려 하다가
아무것도 아닌 게 된다
모든 발악이 들을 귀가 없어 소멸하듯이

맹수에게 새끼를 잃은 짐승처럼
강제 철거 반대 운동을 외치고 온 밤
가루 벽지에 퀭한 시선을 걸고
습기 장판에 차가운 몸을 눕힌다

미세먼지 가득 찬 폐에서 기침이 멎지 않는다
닻도 부러지고 돛도 찢어진 쪽배처럼
의지의 뼈가 표류한다

똑 같은 옷을 사계절 내내 입고서

똑같이 오래된 상식에 지쳐
관골이 쪼개지는 고립을 살고 있다

낮은 자화상

맨 앞에 있어도
다음 교차로가 나오기 전
맨 뒤에 있다

앞질러 간 자가 다음 교차로에서
신호대기를 하고 있다
정지해 있다

꼬인 실타래가 풀리지 않고
목을 감고 있다
문이 없는 미로를 헤매는 중이다

추락 중인 높이 어디쯤에서
불감증 환자가 되어간다
고층 유리창을 닦으며
밧줄에 매달린 채
허공이 되는 임계점을 살고 있다

추월자도 낙오자도
북쪽의 봄을 찾아 떠나지만
갈수록 독감에 걸려

오한의 긴 터널에 갇히는 중이다

교차로에는 차들이
뒤에 아무도 없이
자기 순서를 기다리고 있다

껍질의 시

빨간 신호가 위협하는 새장에 갇혀
육식성을 잃는 황조롱이
주인이 채식의 요가에 빠져
앵무새처럼 울게 하고
야생의 눈을 멀게 하는 게임을 한다
처음에 이물의 초록이 새로워
간지럼을 탐하는 놀이 같았을까
육식과 채식의 중간쯤에서
흠집 난 부리로 경계선의 목소리를 냈을 때
굶지 않을 정도로
거울이 되는 수사학을 훈육 받았다
헐어버린 혀가 간질을 일으켰을 뿐
생명에는 지장이 없었다
모래 누더기에 종족 모를 알을 낳고
울부짖음을 토해냈을 때
주인은 세 나라의 문법이라며
구토물에 통증의 주술을 걸고
음표를 붙이며
채식하는 황조롱이를 전시장 벽에 걸었다

류 복 희

· 필명: 혜송
· 한국문인협회 회원
· 대한 불교 찬불가 작사가위원회 회원
· 태고종 총무원장상 수상
· 보이지 않는 인권상 수상
· 대한불교 찬불가 동요 현상공모 수상
· 한마음 선원 현상공모 수상
· 저서: 『진흙 속에 진주 한 알』(2012), 『해인도』(2016)

하늘바라기

활을 벗어난 화살 같은 시간이
마지막 순환의 굴림에서
필사적인 숨소리를 거두어 간다

홍로 일점의 핏방울체 하나
속절없이 식어가던 늙음이
영원한 부재중을 알리려는
한풀 꺾인 작별의 몸부림이 가엾다

등골을 타고 내리던 기운은
다정히 손잡을 동행도 없이
모든 기억을 소진시켜야 한다

발부리에 채이던 삶을 두고
일어날 이유가 사라진 현실은
주위에서 흘려주는 눈물을 딛고
증발이 될 안녕을 남길 것이다

이 몸 떨어질 공간의 꽃자리
촉촉히 이슬 맺힌 달빛이 앉으니

하늘을 바라보던 눈감은 미소가
미세한 분진이 되어 나풀거린다

생과 죽음의 법칙

봄이 태어나는 생이라면
여름은 치열한 생존이다
가을은 장렬히 싸우다 지친 노병이라면
겨울은 세상 티끌에서 벗어나 새로운
생의 근본을 두겠다는 또 다른 시작이다

생은 무엇 하러 왔을까 하는
의문이나 태어난 존엄을 알지 못하므로
죽을 것마저 먼저 배울 의무를 알지 못한다
죽음은 사실적 현실에서 살아가는 도중
흔적 없이 드러난 무거운 압력의 동반자다

죽음은 변화하는 인식에서 굴러지므로
은밀하지 않으며 평등한 사실적 관계를
변화무쌍한 정면으로 적나라하게 드러낸
그림의 빛이 사라지는 공간의 마침이다

목적이 아닌 반드시 지켜가는
하나의 열림이자 닫힘이지만
파괴하지 않고 사라지는 순종의 물질
생과 죽음의 순환법칙은 불생불멸이다

작은 나라 사람들

어진 사람들 마음의 덕이라
자비의 마음이라 하는 그 이름에
군더더기 입힐 생각 전혀 없어도
머리에 앉은 찬 이슬에 시들어질

내가 아는 작은 나라 사람들이
악에 눌린 험한 길로 아파올까
염려되는 좁은 강가에
징검다리 하나둘 놓아 봅니다

세상사는 방식에 무거운 짐 짊어질까
어깨 좁은 여자로 태어났지만
예쁘게 봉긋이 솟아난 걱정 위에
천근의 짐 내릴 꽃을 피워 봅니다

밝게 떠 있는 저 하늘 해를 본다면
못난 미소 살며시 구름으로 흐를 텐데
끝 모를 세상 잘 다가간다면 이 아침

검은 머리 하얗게 물드는 은빛 바람을
거역하지 않아도 행복할 텐데

박 상 배

· 2015 서정문학 시부문 등단

· 한국서정작가협회 회원

· 전)제주특별자치도청 서기관

· 전)제주시 오라동장

· 공저 :『한국대표서정시선7, 8』

· susan3713@daum.net

거문오름에서

새벽안개가 구름처럼
분화구의 얼굴을 아련하게 가리면
요정들이 춤추는 시간

뜨거운 용암이 할퀸 자국마다
초록빛 아침이 깨어나고
태고의 시간을 거슬러 오르는 길

설렘을 주체할 수 없는 시선들
만남의 시간과 가까워질수록
잔잔하던 가슴속에 파문이 일고
옛 생각에 잠자리를 뒤척이던
억압당하고 있는 심층의 기억들이
가슴속에 켜켜이 쌓인 고독을 불러내고

잊힌 날의 장난감처럼
내가 지쳐 가끔씩 혼자라고 느낄 때
유서 깊은 몸짓에 마음을 사로잡히는
평온함이 충만한 분위기에 젖어들면

첫사랑 닮은 진한 울림이 다가와

섭섭한 마음이 들키지 않게
남몰래 하나 되어간다

폭염

바닥난 인내심 붙들고
이렇게 찌는 건 처음이라며
한평생 본 적이 없다고 넋두리다

온종일 시작과 끝자락까지
뜨겁게 흔들린 시간은
오래된 학습의 긴 사연처럼
하루가 다르게 기록갱신 중이다

점잖은 나그네가 이승을 떠돌다
배반의 장미에 찔리는 날에는
무심한 골짜기 풀마저 드러눕고

검게 타버린 농심 달래줄
빗줄기마저 방문을 거절당한 채
황톳길 흙먼지는 수북수북 쌓여
오가는 길목마다 기침소리 거칠다

갈수록 원성은 하늘을 찌르고
제동장치 풀린 불볕더위는
텅 빈 바닥에 넋 놓고 주저앉아

가동을 멈춰선 낡은 장비의
땀방울을 캐고 있다

고향의 어머니

오름처럼 굽은 허리
깡마른 몸 짊어진 보행기는
동네 어귀를 돌아온다

설 명절 고향집엔
늙은 어머니 홀로 제수용품 마련해 놓고
외지 자식 기다리는 설렘에 초조하다

하나 둘 모여들면
버선발로 마중 나와 쓸어안고
정 나누며 웃음소리 시끌벅적
동행으로 펼치는 밤은 시나브로 멀어져간다

힘든 여정의 기억들은
동네저수지 물속 깊이 수장하고
안 먹어도 배부른 거절과 사양이 신조되어
몸이 부서지도록 평생 일만 하신
자신보다 자식이 늘 먼저였던 어머니

매서운 겨울바람 문풍지에 울고 가면

오늘밤도 자식 잠자리 걱정에 몸 맡기고
버릇처럼 혼란스런 밤을 지새운다

박 성 순

· 서울출생

· 25기 서정문학 시부문 당선

· 서정문학작가협회 회원

· 총체적 치유상담사 및 사회복지사 활동 중

· saranjean@sen.go.kr

지하철 3호선

붉은 태양 물에 몸을 씻는 북한산

중2

지하철 3호선

오랜만에 지하철 3호선을 탔다.

모든 신경이 곤두섰는지 한 발짝 곁에 서 있는 청년의 핸드폰 게임소리가 너무 커 소리 좀 낮춰 달라고 말을 할까 말까 여러 번 고개만 돌렸다가 그만두고 옆 칸으로 자리를 옮겼다.

앞에 앉은 중년아주머니가 늦은 점심을 드시는지 바스락거리며 떡을 떼어 드신다.

이도 신경이 거슬려 또 살며시 자리를 옮겼다.

오늘 따라 유난히 귀도 밝고, 코도 예민해서 온갖 냄새가 다 맡아진다.

독립문에서 문이 열렸다가 닫히면서는 훅하고 가슴을 찢고 들어온다.

'뭐지?'

그 옛날 죽음과 삶을 넘나들었던 영들이 피식 나를 비웃으며 탔다.

갑자기 가슴이 멈짓 한다.

'살아 있다는 게 뭐라고–'

때로 거슬리는 게 많은가고 친구가 된 영들은 술렁술렁 담소를 나눈다.

이들은 어느 역에서 내릴까?

종로3가역을 거쳐 동묘역에서

그 옛날을 추억하는 동무를 만나러 가는 듯 소리 없이 우르르 내린다.

세상에서 그 가진 것 그 뜻대로 펼친 짧은 생이라도 호탕한 웃음을 지으면서도

속좁은 내게 윙크를 건네며 스르르 빠져나간다.

텅 빈 자리마다 높낮이가 다른 젊은이들이 앉는다.

붉은 태양 물에 몸을 씻는 북한산

아침이면 붉은 태양 물에 몸을 씻고 발그레한 이마를 드러내며 컬컬한 음성으로
안부를 묻는다.
헛기침을 하며 산과 들 집집마다.

'간밤에 별일 없었나?'

좁다란 포방터 골목길 둘레마당 길 앞으로
배부른 검은 고양이도 살금살금 홍제천 징검다리를 걷는다.
차가워진 11월의 물속에서도 모양새 빠지지 않는
천둥오리도 반가운지 고개를 갸웃하며 인사를 건넨다.
쌀쌀해진 겨울바람에도 재잘재잘 손을 잡고 걷는 엄마와 작은 소녀,
밤새 한 이불속에서도 끊나지 않은 이야기 꽃으로 피어나는 아침이다.

'어이~ 나도 잘 잤네!'

이쪽 편 인왕산도 멋쩍은지 굽혀지지 않는 허리에 손을 받치며 인사를 건넨다.

중2

한 학기를 눈도 마주치지 않고 목소리조차 잃은 듯
위클레스를 드나들더니
이제야 눈을 마주치고 한마디 멋쩍게 말을 건넨다.
금싸라기라도 주운 듯 어쩔 줄 모르며 대꾸를 한다.

"어~ OO 아~ 그래 잘했어!"
"어~ OO 아~ 그래 잘했어!"
"정말 잘했어"

이제는 마주앉아 주말이면 아빠와 안산에 오른다는 이야기며, 옥상에서는 2년된 개를 키운다는 이야기며, 누가 봐도 눈에 확 튀는 겨자색 오버코트는 자기가 골랐다고 콩시랑 콩시랑 말을 건넨다.

중2다.
한 알의 벼 이삭도 갈, 봄, 여름 없이 기다리며 이른 비 늦은 비를 기다려 얻어지는 열매거늘 내 자식, 남의 자식 할 것 없이 백년대계 한 사람 키워내는 일이랴.

기다리고 기다리고
오직 사랑으로만 키워내는 인간 나무랴

박 진 태

· 한국문인협회 회원
· 칠곡문학 회원
· 아남카라 회원
· qkrwlsxo123@hanmail.net

씨앗

한 생애를
함축하고 있다

햇빛과 물
공기의 열쇠가 아니면
절대로
열 수가 없다

누가
억지로
열어버리면
모든
기억이 상실된다.

전당포

그녀는 모른다
내가 훔쳐온 사랑을

풋풋한 영혼을 맡겨놓고
아직도
찾아오지 못했다

코스모스 필 때쯤
소멸하지 않는 그리움이
연일 독촉장을 날린다

이자가 늘어
회수가 불가하다

다시 누군가를

옛날처럼 뜨겁지는 않지만
삼십 년 세월
사랑을 꺼 본 적이 없거든
칼날이 무디고
촉감이 둔해도
툭툭 튀어나온 모서리 깎아서 둥글어지고
알 거 다 알아서
미움이 어디 있는지
고마움이 어디 있는지 눈 감고도 찾을 수 있어
당신하고 한세상 즐겁게
살고 가는 것에 만족해
다시 누군가를 생각해 본 적이 없어,

박 채 선

· 한국미소문학 시부문 등단
· 시와수상문학 작가회 정회원
· 서정문학 시부문 신인상
· 한국서정작가협회 회원 · 서정문학 운영위원
· 동인 시집 : 『세발자전거로 가 보는 사람세상』
· 시집 : 『하늘빛 연가』 『빈가슴 채우는 시린 바람꽃』
· pcs7734@hanmail.net

흐르지 않는 강

만약 신께서 왜 시를 쓰냐고 하문하신다면
그리운 목마름이 몸속에 살아 있어
인연의 매듭들 풀어내고자
자아 성찰의 한 방편이라고

심신 깊은 곳 황홀한 그리움 하나
타는 가슴에 고독의 강물 되어
운명처럼 출렁이며 흐르는 세월에도
풀리지 않는 그리움 때문이라고 답하렵니다

숙명처럼 받아드릴 수밖에 없는
삶의 굴레에서
부딪혀 오는 애환과 굴곡의 언어들
그리움의 강은 세월 따라 흐르지 않는다

구멍 난 가슴 시린 마음 치유하고자
슬픔이 외로움이
또 다른 그리움이 될까 봐 방랑자의 영혼은
비틀거리는 그림자 하나 동행합니다.

자화상

버거운 삶속 빈곤한 심연
버리지 못한 집착과 욕심은
풍선처럼 커져만 가고
거울 속에 비친 초라한 자화상을 보네

상처투성이의 육신은 삐걱거리고
마음은 조급하여
삶의 시계가 좁아져 꼴값을 못하니
바라는바 욕심 없는 삶을 살고싶다

수면의 물은 고요한 듯하나
그 밑에 흐르는 현상은
양의 탈을 쓴 늑대처럼
늘 아귀다툼이다

흐트러진 생의 열망 속에
먼 세상의 이방인처럼
지혜롭고 현명한
마음의 눈이 흐리다

버려진 약속

부르면 명치끝이 뜨거워지는 이름
악몽에 가위눌린 징그러운 세월 싸서 지고
별 내린 언덕 오르면 그 모습 보일까

손 털고 허공에 날린 몇 가닥의 검불들
맨 가슴 풀어헤쳐 하늘로 열어놓고
무거운 그림자 하나 메고 가는 발걸음

꿈길로 오는 별은 발소리도 없는데
지상에 높이 매달아 못 박는 이 누구인가
하늘이 흐려 보여 눈물로 닦는다.

박 태 건

· 서정문학 시부문 신인상

· 서정문학 운영위원

· (사)한국문인협회 서대문지회 편집부장

· i_24@daum.net

그럴 수 있어

어제는 울었는데
오늘은 웃을 수 있다
또는 그 반대일 수도 있다
내일 또, 새로움이 찾아오겠지만
감성적, 신체적, 지성적 리듬에 따라
주변이, 내 마음이 달라 보일수가 있다
불끈 화가 치밀 때가 있다
그럴 땐,
'그럴 수 있어'
'그럴 수 있어' 되뇌어야 한다
관계가 힘들 땐
언제나 사랑을 택해야 한다

고향

꽃이 활짝 웃는 계절이다
고향 땅에도
척박한 빌딩의 서울에도
엄마가 보고 싶다는 그도
고향을 찾아가고 있다
아침 햇살이
새벽빛을 등에 지고

임진화壬辰花

눈물이 흐른다
고국을 떠나온 지 사백여 년
영안의 시인을 보았다

눈물이 흐른다
나를 알아줘서 고맙고
나를 알려줘서 고맙다

눈물이 흐른다
떠나온 시간만큼
언제 또 오느냐며
남산공원에 자손수는 잘 있느냐며

임진란壬辰亂에 우리나라서 가져갔다는

일본 마쓰지마 해안의 서암사 담장 밑에
백매白梅 홍매紅梅는 손을 흔든다

방 극 률

· 전북 남원 출생
· 현) 한국문인협회 회원
· 현) 경기시조협회 회원
· 현) 경기문학인협회 이사
· 전) 서정문학작가회의 회장
· bgy0707@hanmail.net

나그네의 길

생월일 새벽에

또, 철들다

나그네의 길

너는 오늘 어느 길을 가느냐
나는 오늘 어느 길을 가느냐

예배자처럼
너의 글을 입력하는 일
나의 글을 입력하는 일
재산쯤으로
말하지 말며
만족할 만한 것으로
말하지 말며
마음의 길이었으니
얄팍한
닿소리 홑소리였으니
나그네 들길을
모두가 눈길로 내려다보는
통찰력쯤은 가지고 있을 터이니
겸손 서너 배만 꼭 감싸서
길을 꼭 조심하여 걸어가자.

생월일 새벽에

나의 생월일에도
새벽기도 나갔던 아내가
카톡에 축하 글을 보내왔더군요.

– 건강 관리 잘 하셔서 오래오래
건강하길 기도합니다 –

이 글 속엔 무수히 많은
사연과 아내가 보아 온 까닭과 속내가
섞여 있음을 알지요.

축복으로 특명받은 생월일!
58번째 다시 태어났으니
흐른 세월 탓을 말고
남들 탓을 말고
어머니 배 아파 낳으신 나,
아내 잔소리며 칭찬에 태어난 나,
이제야 철이 들었으니, 나 스스로 기도하며
거세게 이 땅에서
가족을, 세상을 더 사랑하며 살지요.

또, 철들다

철들었으니, 누구라도 까불지 말고 사시라.

40세가 되기 전, 지지난 달에
A친구가 이게 웬일이냐며
나이를 탓하고 있던 기억이 스친다.
나는 맞장구를 쳐주며 이제 철들었냐 해줬다.

50세가 되기 전, 지지난 달에도
B친구가 징그런 나이가 되는구나 했다.
나는 이렇게 말했었다.
나이와 몸이 노예 계약이구나
나이와 몸이 운명의 만남이구나

그 후로도
51세 52세 53세 54세 55세 56세 57세 58세
해마다 빠지지 않게 철들어 살았다.
나는 열 살에 철들지 않았지만
나의 플랫폼으로
오늘도 틈이 없이 철들 생각을 한다.
철들었으니, 누구라도 까불지 말고 사시라.

방 민 선

· 인하대학교 일어일문학과 졸업

· 중앙대학교 예술대학원 예술지도자과정 수료

· 『서정문학』 시부문 등단

· 재능문학상 수상

· 한국서정작가협회회원

· 한국문인협회 파주지부 회원

· pms3291@naver.com

능소화

만나고 싶어
억겁의 세월 돌아
까치발 들고 올려다 본 그대
사랑한다, 사랑한다
여름 내 꿈꾸던 사랑
내 사랑이 아니었나
불볕더위에 토해내도
서러움은 운명처럼 깊이 박혀
밤마다 내 자궁 속에선
무슨 일이 벌어지는지
새벽녘엔 해를 닮은
핏빛 불덩이가 태어난다
낳아도낳아도 흘러내리는 그리움

만나자마자 헤어질 거라면
사랑을 꿈꾸지 않으리
속절없이 흐르는 시간 곁에 머물며
사랑을 키우지 않으리
바람결에 농익은 눈빛
땅 위로 뚝뚝 눈물 떨구며
지금 떠나려 한다

어둠이 세상을 삼키기 전에
잠드는 법을 알기에
태어나기 전에 죽는 법을
미리 익혀버린 까닭에

지리산 연가

– 중산리에서 –

지리산 중산리에는
연하천에서 만나지 못한 북두칠성
밤이면 깨어나 춤을 춘다
북극성 사이에 두고
카시오페이아 마주보며
흔들흔들 어깨 들썩이며
현란한 춤을 춘다
별들의 바다

지리산 중산리에는
하루에도 몇 번씩
흰구름, 먹구름 번갈아가며
햇살을 뿌리다
비를 뿌리고
바람난 구름만 신이 날 뿐
모든 것이 정지되어 있다
구름의 바다

천왕봉 품에 안겨
온종일 꿈을 꾸는 중산리
내가 사는 번잡한 세상 기억하지 않는다

내가 바라보는 것이 곧 내 세상이 되고
천천히 행동하고
느리게 생각하고
내게 속삭이는 내가 곧 산이 된다
바람의 바다

마가루를 타다가

하얀 마가루를 타다가
어머니 뼈가루 같아
눈물이 납니다
육신 미련없이 이승에 벗어 던지고
몇 그램으로 남은 뼈가루

난, 어쩜
평생 어머니 살 파먹고 살아온
벌레였는지 몰라
조금씩 조금씩 살은 파이고 핏줄은 끊겨
결국 빈 껍질로 떠나신 어머니

내가 삶 마치는 날까지
곁에 계실거라, 늘 함께일 거라 생각했는데
하얀 마가루를 타다가
어머니 눈물 같아
가슴이 아픕니다.

가슴 아프다는 건
마음 아픈 거라 여겼는데

가슴 아프다는 건
가슴 한복판 송곳 꽂히는 통증
통증은 방울방울 맺히는 눈물의 상처

어머니, 손수 만들어주신
하얀 마가루를 타다가
어머니 뼈가루 같아
한스런 어머니 세월 같아
차마 입에 대지 못합니다

배 동 칠

· 동국대 대학원 석사
· 서정문학 6기 시조부문 등단
· 서정문학 작가협회 회원
· 서정문학 운영위원
· dcbae6507@hanmail.net

미완의 유랑 꿈

연결된 남북철도 장막 걷고 먼동 뜬다
마음 밖 담은 거리 평행선의 질곡 길
내 강산 옹이 희망에 행복 햇살 비추다

평화의 가슴 관통하는 시. 종착역에서
천.지.인 사계절 품은 설렘 한 아름이다
산하를 훨훨 날듯이 북적북적 오르내림

바람은 앞서 기차 끌며 그리움 날리는데
가고 픈 그 하늘 내 하늘 미완의 유랑 꿈
너와 나 삶 의 바퀴로 지구 끝까지 달려보자

융프라우요흐역

해발 3,454 미터 유럽 최고도最高度 철도역
시계전문점 초콜릿 샵 수력. 전기발전 등
만년설 고원의 세계 환상적 생애 첫 경험

쾌청한 날씨 펼쳐지는 경관, 행운이다
눈부신 설경 영하 7.9도에 체온을 덧칠해
스위스 국기가 태극기로 펄럭 치환된다

내나라 하늘엔 갈 수 없는 뭉게구름처럼
설야雪野에 남긴 발자국 겹쳐 홀로 아득하리
풍설風雪은 어느 설봉을 연모해 휘날릴까

양재천 수양버들

바람에 휘날리는 단발머리 여인인가
눈길을 사로잡는데, 쓸쓸한 가로등이여
해 저문 그리운 밤에 등불 켜준 벗이라네

신록은 햇살담은 그릇처럼 빛나고
늘어진 수양버들 양재천을 휘젓는데
거꾸로 서있는 나무 냇가에서 마중한다

상향과 하방 갈림길 경직과 유연의 경계
지상에 이마를 향한 사무친 연민의 일상
겸손을 자세 낮추며 배우라고 손짓한다

신홍승

· 서정문학 6기 시부문 등단
· 한국서정문학작가회의 회원
· 강릉원주대 산업정보경영공학과 졸업
· univerese@naver.com

당신 품

내 마음 흘러 흘러
어디에 닿을까
내 마음이 닿은 곳
결국 당신 품
이리 돌아가도
저리 돌아가도
내 마음이 닿은 곳
결국 당신 품

꺼내줘요

세상은 악마를 가둬놓았다
악마는 나쁜 짓을 할 수 없다
악마는 스트레스를 받는다
악마는 심술부리고 싶어서 견디기 힘들다
악마는 세상에 꺼내달라고 소리를 지른다
힘이 좋은 악마다
하지만 가둬 놓은 방을 뚫지 못하는 악마다
열쇠는 악마의 마음속에 있다는 것을
악마는 모른다
악마는 마음속에 열쇠를 찾지 못한다
열쇠를 찾으려면 지난날의 행동을
하나씩 꺼내 봐야 한다
아수라장이 된 악마의 마음 깊은 곳에
악마를 방에서 꺼내줄 열쇠가 있다

젊다

살아온 시간을 정리하는데
살아온 시간이 짧다
웃음이 나온다
시간이 많이 남았다
젊구나
젊은 줄도 모르고
세상 다 산 듯
우울했구나
젊음이 저토록 새파란데
얼마나 좋은 시간인가
일어나라
예쁜 당신을 보라

안 영 호

· 한국서정문학작가협회 회원

· 한국본격수필협회 회원

· 강진문인협회 회원

· 시집 :『머물고 싶은 세월』,『세상살이 엿듣기』,『우리 꽃 야생화 잔치』

· 수필집 :『가르치며 배우고 배우면서 가르치고』

· 자서전 :『CEO 시작해서 마무리까지』

· anyoung119@hanmail.net

봄이 오는 소리 소리들

백목련이 질 때

꽃동네

봄이 오는 소리 소리들

계절의 경계가 허물어진 바람과 봄비가 만나 놀던 자리에 펌프질하듯 밀고 올라오는 파란 새싹들의 반란이 강산을 뜨개질하면서 아장아장 봄이 걸어나온다.

동그라미 그리던 보슬비가 겨울 엉덩이 두드리는 소리에 나뭇가지 마다 연초록 도포자락 내밀며 펄럭이자 눈 덮인 낙엽 속에서 화장을 끝낸 샛노란 복수초가 속살을 밀어올려 환희 웃는다.

겨우내 품고 살던 빙벽의 맑은 물이 또드록 똑- 또드록 똑- 떨어진 소리에 주변의 꽃들이 시샘하듯 펑-펑- 꽃망울 터트려 봄을 알린 소리이다.

백목련이 질 때

봄소식을 전하려는
나뭇가지마다
길쭉한 원뿔 모양의
뽀송한 봉오리가
천상의 선녀처럼
다소곳이 인사하더니

설렌 만남의 기쁨도 잠시
속살을 드러낸 눈물이
바람 만나 꽃 지는 날
한을 달래줄 생인이나
만장과 소리꾼도 없이
자꾸만 백상여로 떠나가려 하네

못다한 사랑의 밀어로
한恨을 담은 혼불이지만
돌이켜 생각해보니
백상여의 슬픈 넋이
눈물 자국을 남기며
땅으로 입적하네.

꽃동네

인간으로 태어나
호적도 없이
성한 사람도 될 수 없는
문둥이라는 호칭에
세상과 가족으로부터 버림받아
천 길 나락에 주저앉은
유배의 섬 꽃동네에 사는 사람들

이젠 웃음과 울음도 멈춰버리고
슬픔마져 굳어버려
적자생존의
피를 토한 삶인데도
그래도 살아보려고
사랑과 감사의 기도만으로
한을 달래는 꽃동네 사람들

양 향 숙

· 2017년 『서정문학』 시부문 등단
· 서정문학 운영위원
· 서정문학 작가회의 사무차장
· yang0168@hanmail.net

파김치

가을 남이섬에서

호수공원에서

파김치

폭염에 바스러진 흰머리
사정없이 잘라내고
갈래갈래 웃자란 근심을 쪽쪽 갈라
묵은 각질 벗겨내니
감춰진 하얀 속살
수줍은 듯 드러난다

때 묻은 세월
정갈하게 씻어내고
일상의 짠맛 매운맛에다
손맛을 더 넣고
곰삭은 눈물 같은
액젓으로 버무려
기다림으로 묻어두니
바로 어눌한 내 인생의 발효이다

부침개에 파김치 척척 걸쳐
막걸리 한 사발씩 들이키는
자식들이 오지다

이 맛을 보려고
매운 파 다듬으며
눈시울이 붉었던 시간들이
환한 웃음으로 넘어간다

가을 남이섬에서

솔향기 깔린 길에
은행잎 옷 갈아입는 소리
자작나무 봇짐 싸는 소리

나뭇잎 잎새마다
아이들의 웃음소리
이방인들의 악기 소리
대롱대롱
빛으로 매달려 있고

툭, 소리에 돌아보니
잣방울이 데구루루
청설모 귀도 밝지
잽싸게 입에 물고 달아난다

나는 가을 속에
가만히
귀만 열고 떠 있는
섬이어도 좋겠다
바람이어도 좋겠다

다람쥐에게 얻은
밤톨 몇 개
겨우내 추억 까먹으며
두고 온
소리의 안부를 물어야겠다

호수공원에서

세모난 일상의 꼭짓점을 열고
한 발짝 선을 넘으니
마중 나온 햇살이
앞장서 걷는다

키 작은 봄맞이꽃
하얗게 웃는 길을 따라
제비꽃 총총총 따라오고
냉이꽃무리 어깨동무하고
손을 흔든다

온종일
혼자 놀다 지친 해가
호수에서 물장구치면
물비늘은 메밀꽃으로 피어나고

퇴근시간 되었다며
해를 건져 올린 바람에
옷자락이 걸린 나는
호수에 빠진 풍경을
소쿠리 가득 주워 담는다

여 학 구

· 국가공무원 30년 정년퇴임
· 국가시험감독관(前)
· 2009년 훈맥문학 시부문 신인상
· 저서 : "『바람으로 스치는 세월』 외 다수
· 훈맥문학동인회, 훈맥문학가협회 회원
· 한국문인 협회 회원, 계간문예 작가회 이사
· 나라사랑한국문인협회 이사
· 123six@naver.com

작명가作名家

장사진長蛇陳

오래 가려면

작명가作名家

십사 세기 초 출생
스물 네 개의 원소로 조합된 누리의 등불

정문, 언문, 암글, 아해, 아랫글 등,
속되게 불리며 성장,

70여 년 전, 작명가作名家[*]에 의해
가갸날을 거쳐, 한글날로 성명 확정,
그, 이름, 세상에 알려져!

안에서는 국보 70호,
밖에서는 유네스코 세계 문화유산[**], 으로
명성名聲 날리며 일취월장,

온 인류, 문명의 등불로,
자리매김해가는, 민족의 긍지矜持.
훈민정음, 한글.[***]

---

* 作名家=한글학자 주시경(1928년 한글날로).

** UN은 고유 문자가 없는 나라에 한글을 문자로 제공하고 있는데 인도네시아의 찌아찌아족, 솔로몬제도의 과달카날주와, 말라카이족, 에서 한글을 도입한 것으로 알려져 있다.
-아일랜드는 4개고교가 한국어 선택과목 지정.

*** 북한에는 한글날은 없고 한글을 "훈민정음" 또는 '조선 글' 이라 칭하고, '훈민정음 창제일' 이나, '조선 글 날' 이라 부르며 훈민정음 창제일을 양력으로 환산 1월 15일로 정함.

장사진長蛇陳

종묘공원 건넛마을, 길고 긴 꼬리의 행렬.
천사 무료급식 효도공연장,
티 없이 맑은 영혼, 황혼의 그림자들!

화, 목, 토 열한 시 두 차례, 넉넉한 두렛상,
백반, 설렁탕, 도토리묵, 깻잎장아찌, 김치,
후식으론, 찐 계란, 두유, 요구르트도.

그득 메워 어우러진, 한 떨기 만발화滿發花,
고운이들*, 한 마음,
조화調和 이룬, 정원庭園이어라.

모두가,
건강하고, 풍요롭고, 행복하기를…

---

* 고운이들: 후원자, 천사 자원봉사자들.
정부 지원 없이 운영
"어르신은 우리의 소중한 보물, 이라는 기치(旗幟) 아래"

오래 가려면

수익이 늘어나면 가격을 낮추고,
줄어들면 반찬을 더 많이 주어라,
그래야 오래간다.

인심이 후하면 단골이 늘어나고,
단골이 절반折半이면, 절대 망하진 않아.

퍼줄수록 남는 것은 단골이다
안정적인 매출 원賣出 原,이기도
손님까지 데려오는 진귀珍貴 한 존재.

백반집과 단골은 상생의 관계,
쉽게 얻지 못하는 만큼,
쉽게 떠나지도 않아.

조금 느려도 함께 커야 오래간다.
우거진 숲은,
밀림으로 다가가기, 마련이기에.

오 경 자

· 대구 거주
· 아남카라문인회 회원
· 느림의 미학 실천운동본부장
· 2018년『서정문학』시부문 신인상 수상
· 한국서정작가협회 회원
· todol6142@gmail.com

잃어버린 대답

감은사지 빈 공터에
남겨진 의문이 바람으로 달린다
삶은
죽음은 무엇인가

생존의 굴레
무위자연을 거스르지 않은
내 명제는
사라진 내일의 역사

범종에 새긴 상형문자가 긴 울음을 운다

별들이 새긴 발자국
쓰다듬는 손에
왕조의 젖무덤이 솟아오른다

나이테

사는 일과 죽는 일
거스르지 못할 윤회의 굴레 앞에
아직은
나뭇잎 푸르다
무엇이 거칠까나
유유히 떠가는 저 양떼구름
노을에 타고
까마귀 제집으로 찾아든다
길고양이 운다
걸음마다 긁힌 발톱 자국들
이력을 새기고
황조롱이 까만 눈동자로 저무는
미완의 달
계절을 건너는 내 유리 발자국

여정

여백을 채우지 못한
고운 숨결이
지성과 감성을 버무리고 있다

그만하자 그만하자는
다짐에도
멈출 수 없었던 걸음은
미움이 사랑으로 돌아섰기 때문이다

시작이 반이니
걸어온 처음만큼의 거리
익어가는
당도가 궁금하다

흐린 날들의 햇살을 모아
이야기를 짓는다
척박한 땅에서 여문 둥근 웃음
푸성귀가 웃는다

윤송석

· 서정문학 수필부문 등단
· 한울문학 시부문 등단
· 한국방송통신대학교 국문과 졸업
· 소설: 『개팔자 상팔자』, 『슬픈비밀』
· 수필: 『짭짤하고 성스러운 55가지 이야기』
· 현)서정문학작가협회 회장
· yunsongsuk@hanmail.net

오로지 사랑을 위하여

치마를 입으니까 예쁘네!
이 말은 칭찬이 아니라
불쾌감을 주는 성희롱이란다.

사랑은 너무나 고상한 거라서
사랑하는 사람이 아닌 자에게 듣는
그 어떤 미사여구도 불쾌하게 들리는가 보다.

아! 이제부터는
고고한 사랑의 심지가 곱게 타오르도록
다만, 진심으로 보호하고 든든하게 지켜 주자.

그게 어디 여자에만 국한된 일이랴.
남자들도 숭고한 사랑을 위하여
손도 고이 간수하고
마음도 고이 간수하여
오직 사랑하는 사람을 위하여 사용하자.

화장

몸을 곱게 단장하고 꾸미는 것
매일 더욱 예쁘게 치장하는 것
화가의 경지에 이를 만큼
진지한 정성으로 얼굴을 가꾸는 행위
그걸 하라 말라 하는 것도 성희롱이란다.

그녀의 갖가지 노력으로 빚어낸 미美
거기에 이렇다 저렇다 감히 토 달지 마라.
예쁘지!
그러면 그냥 속으로만 감탄해.
아름답지!
그러면 그냥 속으로만 환호해.
아차, 하면 성희롱이 될 수 있으니까.

판도라 상자

도저히 용서할 수 없었던 상처
악몽에 시달리고 시달리다
작심하고 입을 연
미투 운동 덕에
한국판 판도라 상자가 그대로 열렸다.

개탄스럽지만
어차피 가야 할 길이다.
이 사회에 만연한 참담한 병폐
이젠 송두리째 갈아엎을 때가 왔다.

존엄한 性을 짓밟은
금수만도 못한
추악한 짓 저지른 자들을
이참에 죄다 뿌리 뽑아야 한다.

그냥 덮을 순 없지 않은가, 어렵사리 열린 판도라 상자를.

이 춘 식

· (사)한국 한울문학 신인문학상 시 부문 당선
· 대한민국 문예진흥 서정 문학 대상 수상
· 진도군 임회면 거주
· dlcnstlr48@hanmail.net〉

산길을 걸으며
삶의 끄트머리에서
나른한 봄날

산길을 걸으며

가을 옛 추억 더듬으며 걷는 길
울퉁불퉁 샛길 나무뿌리, 돌부리, 밟으며
상념 속 터벅터벅 무딘 발걸음
들국화 향기 솔 향기 흙냄새 몸에 배도록
땀 흘려 걷는 꾸밈없는 길

자연 그대로 발길에 체여 단장된 길
지나는 사람 비켜 지나지 못 할 정도로 좁은 길
우리 옛 산길
이슬이 묻어나고 땀이 묻어나는
건강한 요소로 다듬어가는 길

꼬불꼬불 오르락내리락
오손도손 사람 소리 늘 듣는 길
아직 문명의 혜택을 바라지 않는
자연이 어우러진 샛길에는
때가 묻지 않은 들꽃 피어 아름답고
숲이 함께하고 새가 즐겨 사는 들꽃으로 포장된 길

삶의 끄트머리에서

일관된 생활 속에 끝없는 대화로
하루의 삶 질긴 끄나풀은
침묵으로 이어 테두리를 두텁게
방황의 끈을 놓아
희미해지는 생의 미 앞에
사랑을 갈구하는
스스럼없는 아름다움

한 뼘 한 뼘 타들어가는 미래에 손짓하며
끝의 마무리에 간곡한 동행을 한 걸음 한 걸음
다가갈 수 있는 역량
활기 넘치는 손 내밀어
뜨거운 피를 느낄 수 있는
가슴의 온기
그대 그리고 나
짧지만, 행복한 미래를 꿈꾸며

나른한 봄날

햇볕 쬐는 양지에서
청승맞게 쪼그려 앉자
옛 그리운 생각
아스라하게 떠오를 무렵
따뜻한 햇볕에 취해
나른해지는 몸뚱이
그냥 생각도 흐물흐물

눈망울 초점 잃고
나를 망각게 하는
몽롱한 봄날
나도 모르게 고개 숙여
꾸벅이며 조는 잠
입가 훔치며 멋없이
꿈에서 깨어나는 나른한 봄날

이 향 숙

· 전남 본량 출생
· 아모레퍼시픽방판 2001~현재
· 메이크업 전문 강사
· 건강관리사 · 메이크업유어라이프단원
· 서정문학 시부문 신인상 · 한국서정작가협회 회원
· 서정문학 시낭송분과위원장
· leesh9031@gmail.com

생일
언니
동행

생일

이대로 죽더라도
나가야만 했다
뚫고 나가려는 사람
내보내려는 사람
바라보는 사람
모두가 하나였던 날
비로소 빛이 보이는 순간
눈이 부셔 울었다
두려워서 울었다
일생을 살아내야 할 몫
서서히 터득해야만
단단히 커야만 했었다
쉰 다섯 번째 날
문득 그녀의 그녀도
그녀의 그도
함께 기뻐했을
함께 힘들어 했을
그날의 기억을 더듬다
미역국에 북어 한 움큼 넣어
팔팔 끓여 그녀의 그녀 앞에
앉아 감사의 축하노래를 불러주고 싶었다

언니

한 사람이 태어났다
사랑을 온전히 뺏기고
동생을 선물받았다
이기적인 유전자가 왕성한
동생들의 기대로
늘 외롭거나 슬프거나
때론 울기도 한다
맏이라는 자리가 그러했을 터
평생 희생을 취미삼아
살았지만 돌아온
눈빛은 날카로워 아프기도 했다
그러나
돌이켜보면 사랑이었다
눈물도 사랑 외로움도 사랑
뭉쳐 다니는 자매같다
눈 멀고 귀 멀어가는 우리
사랑 아니면 무엇이 그들을
감싸 안을까
언니가 되던 그날부터
미움 대신 싹이 튼 사랑은
늘 그렇게 마음에서 자라고 있었던 것을 동생들은 알고 있을까

동행

십년 친구였다
어딜 가든 함께였던 시간
어쩌면 너도 사람의
마음을 읽을 수도 있겠다
여름 날
비는 굵은 철사 줄기처럼
내리고
땅은 흙탕물로 변해도
끝까지 나를 버리지 않았던 너
베이킹파우더를 털어넣고
개운하게 씻겨서
햇살 휘날리는 창가에
적당히 내다 놓고
잊었던 동안에도
정갈하게 나를 바라 보던 너
긴 장마 지나 산들바람 데리고
여행하던 날
십년전 모습 그대로
내 발을 감싸안고 하얗게 웃었다
때묻은 사람의 생각을

나태해진 마음을 씻어내도 너처럼 하얗게 웃어줄까
흩어지는 웃음에 바람이
따라 걷는다

장 규 환

· 서정문학 시부문(2017) 신인상
· 서정문학 운영위원
· 코리아 문학회 회원
· 시 사랑 협의회 회원
· avrhwany@hanmail.net

시詩
봄꿈
슬픈 일

시詩

연못 한낮 듬뿍한 햇살
곧고, 실한 심 골라서
배냇저고리 짓는다, 연꽃

한 뜸, 한 뜸
바늘이라도 틈 내지 못하게
빽빽한 고요로,

애기바람 연못으로 마실 온다
애기 이름 부르며 엄마바람도

애기바람 아장걸음 흉내로
물뱀 한 마리
연꽃으로 다가간다

연꽃 그늘에서 낮잠 즐기던 개구리가 화들짝하니
천동오리는 허급지급 하늘로 솟아오른다
산보 놀이 하는 뚝 위의 고양이는 삼십육계이다

연꽃은 꽃대만 출렁하고는

여전히 고요 챙겨서
한 뜸, 한 뜸이다

마침,
나비 한 마리
날아온다.

봄꿈

봄비 개는 아침볕이 남실대고
바람이 기지개 켜는
꽃봉오리 속

날 듯 말 듯
동그란 천의 결
알씬거리는 가운데로
입술 밀어 넣는 벌

좋았더라! 좋았더라!
고요 더 깊게
가물가물
아련한

빰을 흘러내리는 방울 침이
툭 한다. 벌 날개를,

창 밖에는 아카시아가
하얀 수건에 향 받쳐 들고 서고
낮닭이 울어대고

슬픈 일

깊은 산골자기 혼자 걷는
산길 끄트머리
우연히 마주 오는 사람
두려운,

꽃의 미소
따라서 웃으니
속까지 환해지는,

거울 속사람
따라서 웃으니
어색해지는,

마음이

장 진 원

· 2018년 격월간 『서정문학』 시부문 신인상
· 2018년 계간 『경기소설』 신인상
· 서정문학 시창작분과 위원장
· 서정문학 작가협회 사무국장
· 계간 『소설미학』 편집위원
· 경기소설가협회 회원
· 한국소설창작연구회 회원
· x001@naver.com

첫눈

눈처럼 내리며 쌓이던 낙엽이
속절없는 계절의 문턱을 넘는
빛깔 잃은 도시의 싸늘한 한숨 소리

늙은 경비원의 낡은 모자 테두리 사이로
실밥과 함께 흘러내린 머리카락이
앙상한 나뭇가지에 손 인사를 하고

마지막 남은 낙엽을 마대에 쓸어 담는
아파트 경비원의 마지막 남은 일과도
마대 속으로 빨려 들어갔다

내려앉은 첫눈이
주름진 세월의 강을 흐르고
노인은 오늘도 하얀 새벽의 문턱을 넘는다

꺼치[*]

시골집 허물어진 토광
제멋대로 흩어진 흙벽돌 틈으로
지금도 들려오는 숨소리, 헛기침 소리
둘둘 말아놓았던 속마음
펼쳐보니
한평생 식구덜 품었던
땀내 나는 넓은 품

식어가는 화롯불
잿개비[**]
꾹꾹 누르고
어머니가 얹어 놓은 탁배기 한 사발과
쉰내 나는 술찌거니로 허기진 배를 달래며
겨우내 사랑방에서 엮어내던 작은 꿈

---

* 꺼치: 거적을 일컫는 충청도 대전 금산 지방의 사투리이다.
** 잿개비(순우리말) : 불에 타고 남은 잿가루.

어린 과부

산비탈 아래 하얀 눈밭
폐부까지 찌르는 가시 바람
한 줌의 온기도 다 얼어버린
눈물 나도록 눈부시던 날
그녀는 좁은 문을 밀치고
눈을 치우기 시작한다

검은 외투로 휘감은 그녀는
먼 우주에서 떨어져 나온 미아처럼
없는 길을 내며
자꾸만 쌓이는 울음을 밀어내고 있다

들썩거리는 무거운 어깨
평생토록 눈물로 채워도 못 채울
텅 빈 나날들이 일어선다

그냥 울어
나와 함께 저 개울로 흘러가자

전기웅

· 대구 출생
· 대구 형상시 문학회 수료
· 2016년 『서정문학』 시부문 신인상
· 서정문학 운영위원
· 한국서정작가협회 회원
· 공저: 『흘러가다 보면 길이 있겠지』
『얼마나 오래 깃발이 펄럭일까』
『산책로에서 만난 시』
『한국대표서정시선8』 등 다수

막막
자작나무
봄

막막

바닷가에 서서 흘러가는 시간 속에
나를 눕혀보니 높은 파도에
무방비 상태로 온몸을 퍼렇게 멍들이며
함묵으로 일관하는
갯바위의 막막함이 보인다

슬픈 것들은 내가 현기증 나도록
맹렬하게 솟구치는 파도 앞에
옹기종기 붙은 빈 굴 껍데기 몇 개 붙잡고
갯바위가 되었다는 것이다

혼돈에 빠트려 혜안을 어집럽히는 것이
바람이라는 것도 모른 채
어리석게도 하얗게 부서져 내리는
파도의 포말만 보았다

함묵하는 바위에도 숨결은 살아있어
스스로 가슴을 빠개어
수축과 팽창을 거듭하다가
어떠한 고난에도 항거하는 돌맹이로 남아

꿈속인 듯 시시각각 파도를 앞세우고
달려드는 저 바람이
잠잠해질 때까지 쉴 새 없이 다가와
부서지는 파도의 하얀 눈물꽃이
더 아프지 않게
더욱 더 잘게 부서져 내려야겠다.

자작나무

수액을 삼킨 물소리가 목젖까지
차오르는 날
앙상한 나뭇가지에 날선 바람이
한 획 긋고 지나간다
툭툭 부딪치고 베인 자리마다
무게로 잴 수 없을 만큼 무거운 침묵이 내려앉았다
차가운 땅속에 영혼을 묻은 우듬지에
고독한 별 무리들을 안으로만 쌓아 놓고
한 시절을 힘겹게 견뎌낸 그대
구멍 난 하얀 속살을 밤새 들여다보다
상고대처럼 하얗게 샌 나의 머리를
나뭇결에 눕혀보니
비로소 사랑을 알 것 같다
결국
사랑이란 것
수직 상승하는 꿈이 아니라
품에 보듬고 수평으로 흘러가야 한다는 것.
긴 동면의 시간 속으로
천애의 외로움이 뼛속에 파고든다
오래 숨죽인 파성의 울림이 허공에
하현달로 박힌다

봄

바위 같은 깊은 숨 들이마시고
이룰 수 없는 꿈
하나둘 삭이던 겨울.
양지바른 곳에 누우셨다
머리맡에 베고 누운 국화꽃 한 송이
향불 속에 피워 올라 천포가 펄럭인다
죽어야 다시 꽃 핀다는 윤회의 깨달음이
삶과 죽음을 넘나들며 언 땅을 녹인다.
끝없이 사랑 노래 부르던 아침햇살이
검불 우거진 거친 땅속을 마구 휘젓더니
연둣빛 새움을 일으켜 세운다
싱그러운 햇살 눈빛 속으로 냉이 쑥 나물이
돋아나더니 올바른 표기법도 이론도
필요 없는 어눌한 몸짓의 사랑의 단어들이
거리에 마구 쏟아져 나온다.
곧장 불구덩이 속이라도 뛰어들 것 같은
저 동선의 순수한 가슴들.

정 연 희

· 서정문학 시부문 신인상
· 한국서정작가협회 회원
· 서정문학 운영위원
· wjddusgml1023@naver.com

호명

우리의 사랑이 너무 멀리 와 있다고
절망하지 않으리라

소리 없이 흔들리는 저 들꽃처럼
바람이 불면 부는 대로 나부끼다가
그리움에 목말라 흘리는 상심의 눈물 같은
이슬 한 방울도 사랑하다가

하늘이 호명하는 그날까지
풀잎 속에 잠들어 있는 가장 빛나는
별 하나에 젖어 살다 가리라

밤하늘 별빛들은 온통 그대 생각으로
내 눈 속으로 흘러넘쳐 어깨 마구
쏟아져 내리는데

사랑이여

아름다운 기억을 잃지 않았다면
수채화 속에 잠들어 있는 풍경을 깨워

그 일순간에 사라지는 오색 영롱한
무지갯빛이라도 좋으니 수평선 너머
꿈같이 피어올라라

가을 수채화

마침내
다 태우고 재만 남았는가
사랑아

그대 머물다 떠난 자리마다
상심 끝에 매달린 투명한 달빛은
빈 술잔 속으로 내려앉아
온통 그대 생각으로 출렁이는데

가슴에 영원히 지워지지 않는
낙관 하나를 묻고 말없이 멀어져 간
추억의 강물에 목덜미를 적시고
손끝을 적시며 그리움을 적신다

붉게 피는 노을 언저리에 온몸을 기댄 채
결절된 아픔을 형형색색으로 물들이는
가을이여 그대도 아직 못 다 태운 사랑이
남아있는가

붉은 엽서

내 안의 불을 끄고 나니
그대가 보인다

엷은 바람이
이마를 짚을 때마다
꽃무늬 벽지로 남아 환하게 웃는다

천정 무늬 속 코스모스의
만개한 환한 웃음이 의미로
달려와 손짓하는데

밤별로 만나
붉은 엽서가 되어
가슴을 흔드는 사람아

밤이면 취한
그리움의 음표 하나
창틈에 끼워 넣고 돌아서며
애써 미소 짓는다

정 한 구

· 철학박사 · 대구한의대학교 동양사상학과 박사
· 공주대학교 한문교육학과 박사수료 2018
· 공주대학교 동양학과 석사 · 전대구한의대학교 외래교수
· 대전시민대학 인문학 강사 · 공주대 평생교육원 관상학 강사
· 동아대 평생교육원 풍수인테리어 강사 · 한국서정작가협회 회원
· 순천향대위탁 아산시노인복지관 인문학 강사
· 부산정보대학교 역학강사 · 2018년『서정문학』시부문 신인상 수상
· hankers56@hanmail.net

발암물질

협상

낙하산

발암물질

너는 내가 아닌
나는 너와는 다른
너는 내가 될 수 없다

너는 지구 밖에서 생성된
외계인
하늘이 몇 번 바뀌고는

댓글과 이기심 뒤에 숨어
닌자의 암기 독화살을 날리고
예리한 칼날 목구멍 깊이 감추었다

목구멍 깊숙이 숨은 칼날
입술위에서 피를 엉기면 싸늘한
발암물질이 생성된다

단단한 호두외피 같은 방어막
돌덩이 되어 간을 침범하면
오늘은 신부전증으로 피를 걸러야한다

협상

서로 줄다리기 함
힘 있는 곳에 의탁하여
혹은
힘 있다고 여기는 사물이나 근원에 기탁하여
협상을 의뢰하거나
각자도생하기로 함

결과의 생성이 나와 너를
언제나 공평하게 만족하게하지 못함
그래서 서로의 전투는
필연이지

니고시에이션 협상
주고받는 것에 대한
절차적 형식일 뿐
너는 너대로
나는 나대로의 계산

낙하산

전장에서 적진에 투입되기 위해
얇은 천을 덧대어
하늘 높이 올라간 비행체에서
뛰어내릴 때 사용하는 도구

낙하산을 이용하여
적진에 투입되기 위해서는
수많은 낙하 연습을 통하여
정확한 낙하지점에 안착함

권력자의 신묘한 낙하산은
한 번의 연습도 없이 매번
1 미리의 오차도 없이
원하는 곳에 원하는 시간 낙하 완료

제 성 행

· 경남 거제시 둔덕 出生
· 서정문학 운영위원
· 『한국대표서정시선8』 공저
· 민주문학 신인문학상
· 민주문인협회 운영이사
· 좋은문학 작가대상(시부문)
· jshang2419@daum.net

봄 햇살

여름 비

만추

봄 햇살

눈부시게 부서지는
웃음 가득한 햇살

나즈막히
사랑을 속삭이듯

봄 빛은
설레임으로 다가온다.

두근 두근
연두빛 새싹으로

달콤한 사랑담은
향기로운 꽃으로

부드러운 햇살
가슴뛰는 봄

떨리는 마음 수줍게 열어
당신을 봅니다.

봄, 어서 와
함께 걷자.

여름 비

뽀오얀 창가에서
빗소리에 젖어 든다.

또르르…
또르르…

빗방울은 가슴으로 흘러
작은 연못을 만들고

지금은 사라진
빨간 금붕어 두마리

한아름 안개꽃 속에
댕기머리 소녀가 수줍게 웃는다.

우산이 없어도
책가방 하나로 가려지던 청춘

봉숭아 꽃처럼
가슴 벅차 오르던

버들잎 햇살에 반짝이는
그 여름 이야기들이

동화처럼, 낙화한 꽃잎처럼
연못에 떠 다닌다.

여름비가 내린다.

만추

사그락 사그락
낙엽쌓인 숲 길

빛바랜 청춘의 사랑이
허상으로 차오르고

옷을 벗은 나무들
휘파람을 불면

눈가에 맺히는
투명한 이슬방울

푸르른 날
그 먼 기억의 언저리

가슴 깊이 멍울진
주홍빛 사랑

그대 얼굴 그려보는 하늘
너무도 맑아 슬프다.

빈 가슴처럼
마른 바람만 가득한 들판

하얗게 첫눈이 내려
동화같은 풍경이면 좋겠다.

상처입은 영혼
따뜻하게 잠들 수 있게

차 영 미

· 2009년 『서정문학』 시부문 신인상
· 2015년 『시와세계』 등단
· 서정문학 편집장
· 도서출판 서정문학 대표
· 시집: 『괄호를 묻는 새벽』
· kd487@naver.com

이면지
무채색
농담

이면지

너는 나를 모르고 나는 너를 모른다
허리를 접다가 구겨지고 찢어지는 너를 모른다

날 선 어둠이 바닥에서 올려다본다
더께로 앉는다 물때처럼 지워지지 않는 현기증이
가면을 쓰고 들여다봐도 나를 모른다

길거리에는 이방인끼리 낯설다가 친절하다
유리벽 사이 허공이 널려지고
통통한 웃음이 흘러내리는 너를 모른다

나는 배경으로 선 가로등에 어긋난 발을 맞춘다
뒤집어진 길을 묻지 않는다
터널 속 타일 한 장 눈물을 나는 모른다

나는 너를 모르고 너는 나를 모른다
이쪽에서 저쪽으로 건너는 일을 모른다

무채색

오목에서 아치를 뒤집었다 오목새김을 하고 미늘을 삼킨 나무살이 자라고 있었다 더께 앉은 거미줄은 오목했고 빗속을 걸어가는 그림자는 왼쪽으로 기울고 소음에서 진동으로 기억은 수장되었다

홈이 파이고 불면을 저울질하고
빈 블록의 풀냄새는 철지난 광고판으로 스며들고

쪽잠이 매달리는 바다는 접어지지 않는 간격을 한 뼘씩 물들이고 있었다 보도블록을 세다가 뒤척이는 빈방의 그을림이 오목해지고 있었다 눈금은 깜빡이지 않았고 잔상이 번지고 시큰거리는 대칭으로

거스러미 일어나는 통증은 부풀다가 눅눅해지고 묵음으로 서걱거리고 있었다 오목해지는 등으로 어젯밤 이야기는 패이고 한 프레임씩 걸어가는 꿈에서 퇴화하는 도둑같은, 오목한 아침이었다

농담

골라본다 색을
농담은 한쪽으로 흔들리고 있다

눈물이 흐르지
가시는 자라고 혼자 걷고
네가 웃고 있는데

덧칠을 시작한다 흔적위로
꿈은 화상을 입고
얼음물에 하루를 담구었지

벌건 신열이 새벽을 헤집고
연휴사이로 검붉게 구겨지고
묽어지지 않는 카톡을 뿌린다

실마진 연고를 외고 있어
거즈 다섯장, 스틱 두 개
하얀 드레싱은 날마다 찾아와

안부를 섞어본다
농담은 세어지지 않아

내가 버린 가시
어디서 자라고 있을까

최주식

· 시인, 문학평론가
· 한국문인협회 회원
· 한국현대시인협회 회원
· 국제펜클럽 한국본부 회원
· 창작산맥 편집위원
· 김우종문학상 자문위원
· 서정문학 시부문 심사위원
· 서울문화공연협동조합 이사장
· 서정문학 운영위원장
· kbkjyoung@hanmail.net

두물머리 이야기

나는 인생의 아름다웠던 한때가 생각나면
잔잔한 기쁨의 강물이 흐르는 두물머리로 달려간다

가장 오래된 느티나무 아래에서 바라보는 푸른 강물
이른 새벽 자욱이 피어오르는 물안개
수양버들 가지 사이로 보이는 나지막한 정암산
그리고 강가 마을 풍경은 동화 속 그림처럼 정겹다

물과 물이 만나 하나가 된 두물머리에는
연꽃도 백련 홍련 하나가 되어 피고
새들도 둘씩 하나가 되어 날아와 노래 부르며
사람도 둘이 짝지어 찾아와
강물에 메마른 마음을 적신다

오늘 하루
길도 예쁘고 이름도 예쁜 물래길을 걷다가
많은 사람 오고 가는
만남과 이별의 황포돛배 나루터에서
문득, 기억의 저편 반가운 사람을 만나면
별처럼 수많은 추억이 스며 있는
나의 시를 읽어주고 싶다

저녁 노을 질 때까지
그리움 다 할 때까지
두물머리에 핀 백합나무 꽃처럼 아름다웠던
그때 그 시절의 언어로
사랑한다고 사랑한다고
나의 시를 읽어주고 싶다

행복 단상

정장에 장미꽃 넥타이보다
반바지에 티셔츠를 입는 것이 멋질 때가 있고
명품 신발보다 그냥 몇천 원짜리
싸구려 신발을 신을 때가 편할 때가 있다

젊은 아가씨의 고운 옷차림보다
밥집 아줌마의 청국장 냄새 풀풀 풍기는 앞치마가
더 아름다울 때가 있고
간밤에 덮은 작은 이불 하나로도
행복을 느낄 때가 있다

맑고 화창한 날보다 비가 내리거나
눈이 오는 날에 마음이 녹아들 때가 있고
도덕과 정의의 이름으로 널리 알려진 사람보다
저녁 언덕 길을 오르는 우리 동네 사람을
더 믿고 존경할 때가 있다

그렇다
답을 찾기 어려운 우리네 인생
숱한 딜레마에 빠져
선택이 다르고 계산법이 달라지겠지만

결국 산다는 것도 사랑하는 일도
나를 데워주는 훈훈함을 찾아가는 것이다

세상에 이런 일이

고속도로 휴게소에서
옆 사람이 손을 씻고서
물을 털어 내 얼굴에 맞았다
생긴 것은 반듯한데 마음은 굽었나 보다

예기치 못한 상황에서 큰 개와 마주쳐 놀랬는데
순한 개, 이쁜 개를 보고 놀랜다고
개 주인이 핀잔을 준다
사람보다 개를 더 사랑하나 보다

비가 내리는 날 예식장에 가는데
물이 고인 도로를 빠르게 달리는
자동차에서 물이 튀어 옷이 젖었다
아주 중요한 일이 있더라도 천천히 가시지

가족들과 함께 맛난 음식 먹겠다고
소문난 맛집을 찾아갔는데
맛도 서비스도 엉망이다
홍보만 보고 찾아간 내가 잘못이지

남이 기뻐야 나도 기쁘고
남이 행복해야 나도 행복한데
나는 무엇 때문에 남을 불편함에 몰아넣는가
진실도 희망도 안개속에 갇혀 있는 것 같아
굴러다니는 낙엽만 발부리로 걷어찼다

최 홍 연

· 대전광역시 거주
· 대한문인협회회원 / 창작문학예술인협회회원
· 선진문학작가회원 / 아람문학문인협회회원
· 한국시민문학문인협회회원 / 낙동강문학회원
· 시인의 파라다이스 파라문예동인시인회원
· hongyun40@hanmail.net

춘정春情

만춘을 다하고
탱자꽃 떨어지는 날

만남과 이별의 꽃길에는
춘무春舞를 마친 그리움도 떨어지고

홀로 사랑하다 눈물 흘리는
연분홍 사연 바람에 흩어지면

앵초꽃 붉은 가슴에
숨어 우는 춘정春情.

제비꽃 4

그립다
말을 하면
속이라도 후련할까

참지 못하고
수줍게 터트린
정념의 미소

담아 두면
병이 된다기에
하늘 우러르면

도져오는 그리움
어쩌지 못해
속으로 운다

동박새 사랑

살다 보면 아프지 않은 날이 없고
흔들리지 않는 사랑은 없습니다

비워진 만큼 채워지는 게 이치인데
주는 마음 하나가 무에 아까운가요

찬바람 애원으로 눈 내린 가지 끝에
붉은 사랑의 정표 곱게 물들여 놓고

억겁의 세월 속 만남이 인연이라는데
인생길에서 단심丹心으로 둥지를 틀어

따사로운 당신 품 안에 불 밝혀 놓고
불멸의 사랑을 하고 싶습니다.

하 석 근

· 경남 창원 거주

· 서정문학 시부문 등단

· 한국서정작가협회 회원

· ehrehfl@hanmail.net

글바라기

물방울

하루

글바라기

누구의 눈길도 머물지 않는
누구의 손길도 미치지 않는
척박하게 버려진 작은땅에
나만의 글밭을 일구어 춤추고 싶다

몇 줄기 단어들은 세인들의 눈시울을 적시고
몇 줄기 단어들은 세인들의 가슴을 녹이며
내가 설레이고 그네들이 설레이는
아름다운 글밭을 일구어 노래하고 싶다

지나치던 산짐승에 짓밟혀 일그러지고
주시하던 들짐승의 이빨에 씹혀 삼켜도
원망없는 호미질로 글밭을 꾸미고 싶다

바람에 밀리는 구름이 사계절을 돌아오면
잘 익은 아름다운시 글밭에 넘쳐나고
향기 좋은 글이 열매되어 떨어지면
맛있게 술을 빚어 취하며 잠들고 싶다

문득 내가 보고 싶은 이가 있다면
문득 내가 기억나는 이가 있다면

버려진 산자락 들판 끝에
글을 빚어 마시고 시를 잡고 춤추는 나를 찾으라

그 밭의 입구엔 작은 목판 하나
글바라기 네 글자 노래하며 반기리…

물방울

작은 시간이 흐르고 흘러
세상을 만들고 역사를 만든다
어쩌면 너는 그 시간을 닮았구나

작고 고요하지만 모이고 모여
천川을 이루고 샘물을 만든다
어쩌면 너는 시간이리라

멈춘 듯 하지만 쉼 없는 흐름
죽은 모든 것 생명과 희석하고
썩은 모든 것 치유하며 흐르고 흘러
너는 강이 되고 호수가 된다

어김없이 계절이 돌고 돌아
만물의 옷을 입히고 벗긴다
어쩌면 너는 그 계절을 닮았구나

성난 폭풍우 돌아오는 계절엔
흙빛 발하며 휘몰다가
찬 서리 흩날려 정지한 듯 얼어오는 계절엔

잠자듯 잔잔하게 투명 비단옷 갈아입는
어쩌면 너는 계절이리라

산을 적시고 들을 적시며 시간은 흐른다
강을 얼리고 호수를 얼리고 계절을 보낸다
유유히 흐르고 흘러 하나가 된다
바다가 된다…

하루

온종일 날씨가 어땠는지 모른다
온종일 하늘을 바라본 적 없다
일에 젖어 흔들흔들
하루를 갉아먹는 일벌레
주위를 돌아볼 여유는
작업복 호주머니 속 차지
어스름 짙어오는 저녁 퇴근길엔
피곤에 지쳐 꼬질꼬질한 모습으로
다른 사람들의 이야기는 듣지 않은 체
술에 젖어 비틀비틀 땅만 보고 걷는다

내일 날씨가 어떨지는 모른다
내일 하늘을 바라볼지 모른다
주머니 속 여유를 꺼내보기도 전
발걸음은 그저 집으로 집으로 향한다
문을 열면
여전히 날 반겨주는 건
센스 등 불빛 하나
불빛 하나
불빛 하나…

한 희 정

· 도시공학박사
· 『서정문학』 시부문 등단(57기)
· 한국문인협회 회원
· 새부산시인협회 이사
· 아남카라문인회 사무국장
· bochong@hanmail.net

반絆

신라의 염원

나비가 된 소녀

반絆[*]

그리움이 쌓이면 눈빛 하나로 통한다

레일 위 어둠과
장대 빗줄기를 뚫고
불빛 출렁이는 초겨울의 친선음악회
오륙도가 만조를 이룬다
뭍으로 치닫는 바람의 근육은
반絆
시로
리듬으로
말의 밧줄을 얽어맨다

여섯 시가 넘은 시간
여섯 시가 되면 섬나라 말은 잊어버린다는
사회자의 능변이
박장대소로 이어지고
통역이 길을 잃어갈 시간

국경을 초월한 우정이 감성을 후빈다
파도가 춤을 춘다

* 한일 친선 음악회의 주제

바이올린 첼로 이중주가
피아노 건반 위를 맨발로 달린다
시의 가수
들꽃을 피워 올려
심연에 젖고

백옥 치마에 자수정 푸른 저고리
반짝이는 은비녀
부챗살로 흥보가를 불러내는
저 여인

신이 잃은 한 수

신라의 염원

천년의 침묵을 흔들어 깨우는
동궁과 월지
어둠에 씻은 별빛은
삼신산의 전령
토함산을 훑어 내린 신기가
풍경을 민다

엉겅퀴 자방에 숨어든 조각달이
거꾸로 자라는 물속
조각배 한 척
바람의 부고로 뒤척인다

왕조의 무덤가에
만장으로 펄럭이는 아남카라 시제
어느 시간대 어느 공간
흙이었던 기억*을
흰나비 떼로 풀어내는 왕벚나무 꽃잎에
사천왕사지 귀부가 젖는다

주춧돌만 남은

* 존 오도나우의『영혼의 동반자』 중에서 인용

호국 염원의 가람
문무왕의 설화가
신유림 도리천을 휘어져 오르고

세속을 밝히려
아랫도리 아랫도리가 젖어야 하는
화사등火舍燈은
신라의 등신불 이었나
태워도 남는 환영

나비가 된 소녀

젊음의 거리 동성로를 빠져나와
산*으로 간 여자는
남자의 손을 꽁꽁 묶었다
허리를 눕힌 산삼이
전복을 향해 눈을 껌뻑거리고
만찬장에는
온기가 술잔을 데운다

눈높이를 가늠할 수 없는 잣대에
무거운 입들이 가라앉고
첨잔 없는 정담이
수평선의 위아래를 지운다

남자가 붉어진다

마주 잡은 손마디가 층계를 따라서
다닥다닥 오르고
나비로 변한 소녀가
탑승구를 향해 손을 흔든다

---

* 한정식 식당

현 영 길

· 동양미래대학교 졸업

· 월간 문학세계 시부분 등단

· 한국 문학정신문인협회 수필부분 등단

· 한국기독교작가 협회 정회원

· 사)한국문인협회 시부분 정회원

· hyg39@hanmail.net

온기

석양

이슬

온기

커피 좋아하는 당신의 손길!
따뜻한 커피 한잔 손길 느끼며!
당신 마음의 온기 느껴봅니다.

석양

푸른 언덕 산 넘어 우글대는 태양 열기
산새들 태양 열기에 날아가고
앙상한 나뭇가지 태양 벗 되었구나!
멀리서 떠오르는 태양 자태
산조차 그 열기에 잠잠히
바라만 보는구나!

이슬

아침 땅과 꽃들에 내리는 그분의 은혜
세상이 줄 수 없는 하나님의 단비 이슬
꽃은 이슬 먹고 살듯이 땅도 이슬 먹고 산다네!
그대에게 내리는 늦은 비 이른 비가 아닌
성령의 이슬비가 오늘도 그대와 함께
하고 계신다네!